Robert Zimmer | Ansgar Lorenz · Arthur Schopenhauer

Bibliografische Information der Deutschen Nationalbibliothek

Die Deutsche Nationalbibliothek verzeichnet diese Publikation in der Deutschen
Nationalbibliografie; detaillierte bibliografische Daten sind im
Internet über http://dnb.d-nb.de abrufbar.

© 2021 Brill Fink, Wollmarktstraße 115, D-33098 Paderborn, ein Imprint der Brill-Gruppe
(Koninklijke Brill NV, Leiden, Niederlande; Brill USA Inc., Boston MA, USA; Brill Asia Pte Ltd,
Singapore; Brill Deutschland GmbH, Paderborn, Deutschland; Brill Österreich GmbH, Wien,
Österreich)
Koninklijke Brill NV umfasst die Imprints Brill, Brill Nijhoff, Brill Hotei, Brill Schöningh, Brill
Fink, Brill mentis, Vandenhoeck & Ruprecht, Böhlau, Verlag Antike und V&R unipress.

Internet: www.fink.de

Einbandgestaltung: Ansgar Lorenz
Herstellung: Brill Deutschland GmbH, Paderborn

ISSN: 2702-6833
ISBN: 978-3-7705-6590-0 (paperback)
ISBN: 978-3-8467-6590-6 (e-book)

Robert Zimmer | Ansgar Lorenz

Arthur Schopenhauer

Philosophische Einstiege

BRILL | FINK

Solitär und Privatnachdenker

Arthur Schopenhauer wurde 1788 in Danzig, dem heutigen polnischen Gdańsk, geboren. Zeit seines Lebens blieb er, nicht ganz freiwillig, ein Privatnachdenker, der abseits öffentlicher Debatten über das Wesen der Welt nachdachte und geduldig seine Philosophie ausarbeitete. Sein Werk widersprach dem philosophischen Zeitgeist. Seine These, dass die Wirklichkeit nicht von der Vernunft, sondern von einem irrationalen Lebenstrieb beherrscht wird, fand wenig Anklang unter seinen Zeitgenossen.

Auch war er kein begnadeter Netzwerker. Seine Bewerbungen an verschiedenen Universitäten waren erfolglos. Sein Stolz und sein cholerisches Temperament führten dazu, dass er schließlich ein einsames Leben in der Gesellschaft einer Haushälterin und eines Pudels führte. Wie der von ihm hochgeschätzte Immanuel Kant blieb er Junggeselle. Immer wieder wurde er von Depressionen befallen. Er wurde, wie er selbst sagte, zum „Kaspar Hauser" der deutschen Philosophie. Über die geistige Isolation tröstete er sich mit der Lektüre der literarischen und philosophischen Klassiker und mit dem Bewusstsein hinweg, Schöpfer eines epochemachenden Werks zu sein.

Erst in seinem letzten Lebensjahrzehnt erlebte der Solitär und Privatnachdenker das, was er ironisch die „Komödie seines Ruhms" nannte. Nun begannen die Zeitungen über ihn zu schreiben, die Universitäten beschäftigten sich mit seiner Lehre und eine Reihe von Schülern bekannte sich zu ihm. Nun konnte er endlich feststellen: „Der Nil ist bei Kairo angekommen!"

Der Kaufmannssohn

Dass er einmal ein bedeutender Philosoph werden würde, hatte ihm niemand in die Wiege gelegt. Im Gegenteil: Arthur Schopenhauer wuchs als Sohn des erfolgreichen und einflussreichen Danziger Kaufmanns Heinrich Floris Schopenhauer auf und war von seinem Vater dazu bestimmt, dessen Nachfolge anzutreten. Nachdem die Familie 1793 nach Hamburg übergesiedelt war, schickte dieser ihn vier Jahre später auf die dortige Rungesche Privatschule, die sich auf die Bildung des kaufmännischen Nachwuchses spezialisiert hatte. Hier standen nicht die humanistischen Fächer wie Latein oder Griechisch im Vordergrund, sondern praktisch orientierte Inhalte wie Mathematik und Geographie. Auch wenn der junge Schopenhauer seine geistigen Neigungen schon sehr früh äußerte, konnte er sich dem Willen seines Vaters nicht entziehen, eine kaufmännische Lehre zu beginnen, die er erst 1806, ein Jahr nach dem Tod des Vaters abbrach. Doch blieb er seinem Vater immer dankbar, dass dieser ihm ein beträchtliches Vermögen hinterlassen hatte, welches ihm später ermöglichte, seinen philosophischen Neigungen ohne materielle Sorgen nachzugehen.

Der kleine Buddha

Der junge Schopenhauer, in wohlhabenden Verhältnissen aufgewachsen, hatte dennoch eine große Sensibilität für die Schattenseiten der menschlichen Existenz. Auf der Europareise, die er zwischen März 1803 und August 1804 mit seinen Eltern unternahm, machte er einige für seine spätere pessimistische Weltsicht einschneidende Erfahrungen. In London wurde er Zeuge öffentlicher Hinrichtungen: „Ich schauderte, da man ihnen den Strick umband, dies war der grässliche Augenblick: ihre Seele schien schon in einer anderen Welt zu sein", schrieb er in sein Reisetagebuch. Noch eindrücklicher war seine Begegnung mit Galeerensträflingen im französischen Toulon, den *forçats*, die, angekettet an die Galeeren, bei schwerster Arbeit nur von Wasser und Brot lebten und ihre Boote nie verlassen durften. Die Ansicht, dass diese Welt das Werk eines allgütigen Schöpfers sei, geriet nachdrücklich ins Wanken: „In meinem 17ten Jahre", notierte er viele Jahre später, „wurde ich vom Jammer des Lebens so ergriffen, wie Buddha in seiner Jugend, als er Krankheit, Alter, Schmerz und Tod erblickte ... mein Resultat war, daß diese Welt kein Werk eines allgütigen Wesens sein könne, wohl aber das eines Teufels, der Geschöpfe ins Dasein gerufen, um am Anblick ihrer Qual sich zu weiden." Dass „aus dem menschlichen Dasein die Bestimmung des Leidens" spricht, wurde eine der wichtigsten Thesen seiner Philosophie.

Philosophische Lehrjahre

1807 brach der junge Schopenhauer seine Kaufmannslehre in Hamburg ab und zog zu seiner Mutter nach Thüringen, um endlich seine akademischen Träume verwirklichen zu können. Die ihm fehlende geisteswissenschaftliche Bildung, darunter das Erlernen des Lateinischen und Griechischen, holt er nun im Eilzugtempo nach. Innerhalb von zwei Jahren erwirbt er die Voraussetzungen für ein Studium und schreibt sich, auf Wunsch der Mutter, in praktisch nützlichen Fächern wie Medizin und Naturwissenschaften an der Universität Göttingen ein. Nach zwei Semestern verlagert sich sein Hauptinteresse jedoch auf die Philosophie: Er liest Platon und Kant, die ihn nachhaltig beeinflussen. Vom Ruhm des damals bekanntesten lebenden deutschen Philosophen, Johann Gottlieb Fichte, angelockt, wechselt der Student Schopenhauer 1811 an die Berliner Universität. Doch Fichtes spekulative und unverständliche Theorie des „absoluten Ich" als Grundlage unseres gesamten Wissens erweckt in ihm zunehmend Ablehnung und Spott, denen er in seinen Vorlesungsnotizen freien Lauf lässt: „In dieser Stunde hat er außer dem hier Aufgeschriebenen Sachen gesagt die mir den Wunsch auspressten, ihm eine Pistole auf die Brust setzen zu dürfen und dann zu sagen: Sterben musst du jetzt ohne Gnade; aber um Deiner armen Seele willen, sage mir ob du dir bei dem Gallimathias etwas Deutliches gedacht hast oder uns bloß zum Narren gehabt?"
Für Schopenhauer gab es kein absolutes Ich, sondern nur ein empirisches Ich, das Teil der Welt der „Vorstellung" ist – ein Begriff, den er dann doch von Fichte übernahm.

Der kosmopolitische Denker

Schopenhauer lebte in einer Zeit, in der auch in der Philosophie das deutsche Nationalbewusstsein neu erwachte. Johann Gottlieb Fichte, dessen Vorlesungen er in Berlin besuchte, hatte 1808 seine *Reden an die deutsche Nation* veröffentlicht. Schopenhauer dagegen war der nationale Blickwinkel fremd. Er war ein kosmopolitischer Denker mit einem weiten Horizont. Schon früh hatte er die Welt kennengelernt. Mit neun Jahren gab ihn der Vater für zwei Jahre zu einer französischen Gastfamilie in Le Havre, wo er mit der französischen Kultur vertraut wurde. Auch zur englischen Kultur sollte er ein lebenslang enges Verhältnis behalten: Im Rahmen der mit den Eltern unternommenen Europareise besuchte er ein halbes Jahr eine Privatschule in London. Als Erwachsener gehörte die tägliche Lektüre der *Times* zu seinen festen Lebensgewohnheiten.

Neben Französisch und Englisch lernte er später auch Spanisch und Italienisch. Auch in den Literaturen dieser Länder war er zu Hause. Den Deutschen stand er eher distanziert gegenüber und kritisierte ihre „Schwerfälligkeit". Kant und Goethe ausgenommen, bemängelte er ihre „Zeitdienerei" sowie ihre Neigung zur Dunkelheit. „Nicht den Zeitgenossen, nicht den Landsgenossen, – der Menschheit überhaupt übergebe ich mein nunmehr vollendetes Werk", schrieb er in der Vorrede der zweiten Auflage seiner *Welt als Wille und Vorstellung*.

Johanna Schopenhauer und die literarische Bildung

Johanna Schopenhauer (1766–1838), die Mutter Arthur Schopenhauers, war eine literarisch hochgebildete Frau, die mehrere Sprachen sprach und als Autorin von Romanen und Reiseberichten mit ihren Werken erfolgreicher war als ihr Sohn. Ihre Ehe mit dem knapp 20 Jahre älteren Heinrich Floris Schopenhauer war eine reine Vernunftehe. Nach dem Tod ihres Mannes 1805 siedelte die damals knapp 40-Jährige von Hamburg nach Weimar über, wo sie ihre literarischen Neigungen lebte und einen sehr erfolgreichen Salon unterhielt, in dem auch Goethe regelmäßig verkehrte.

Johanna Schopenhauer vermittelte ihrem Sohn eine große literarische Bildung und die Liebe zur schöngeistigen Literatur. Eine ihrer Vorlieben galt der damals in Deutschland noch wenig wahrgenommenen englischen Literatur des 18. Jahrhunderts, die sie, wie ihr Sohn, im Original las. Als seine vier Lieblingsromane nannte Schopenhauer später Cervantes *Don Quijote*, Rousseaus *Nouvelle Heloise*, Sternes *Tristram Shandy* und Goethes *Wilhelm Meister*. Sein lebenslanger intensiver Kontakt mit der Weltliteratur hat seinen ebenso klaren wie eleganten Stil geprägt, der ihn zu einem der lesbarsten Philosophen deutscher Sprache macht.

Das philosophische Gesellenstück

Schopenhauers Studienzeit fällt mitten in die turbulente Phase der napoleonischen Kriege. Nach dem Wintersemester 1812/13 floh er aus dem unruhigen Berlin, nachdem der dortige Universitätsbetrieb unterbrochen worden war. Man erwartete die vom Russlandfeldzug zurückkehrenden französischen Truppen. In Preußen fand eine allgemeine Mobilmachung statt. Schopenhauer zog sich ins thüringische Rudolfstadt zurück. Im dortigen Gasthaus „Zum Ritter" schrieb er im Sommer 1813 sein philosophisches Gesellenstück, seine Dissertation mit dem Titel *Über die vierfache Wurzel des Satzes vom zureichenden Grunde*.

Der Satz vom Grunde behauptet, dass alles, was ist, einen Grund haben muss, warum es ist. Doch was hier „Grund" genannt wird, kann nach Schopenhauer ganz verschiedene Bedeutung haben: z.B. kann es die Kausalursache meinen (die Kugel rollt, weil ich sie angestoßen habe) oder auch das Motiv meines Handelns.

Das sei wohl eher etwas für Apotheker, kommentierte seine Mutter sarkastisch, als er ihr ein Exemplar überreichte. „Man wird sie noch lesen, wenn von Deinen Schriften kaum mehr ein Exemplar in einer Rumpelkammer steckt", konterte der Sohn. Er sollte Recht behalten.

Eine schwierige Mutter-Sohn-Beziehung

Die Beziehung zwischen Mutter und Sohn Schopenhauer gestaltete sich wechselhaft und schwierig. Als Schopenhauer nach dem Tod seines Vaters zeitweise im Haus seiner Mutter in Weimar lebte, warf er ihr vor, das Vermögen des Vaters mit Liebhabern und Geselligkeiten zu verschleudern. Die Mutter hielt den Sohn für einen griesgrämigen, ungeselligen und unhöflichen Eindringling in ihr Leben. 1814 kam es zum endgültigen Bruch. „Die Thüre, die Du gestern, nachdem Du Dich gegen Deine Mutter höchst ungeziemend betragen hast, so laut zuwarfst, fiel auf immer zwischen mir und Dir", schrieb Johanna Schopenhauer an ihren Sohn. Beide sahen sich nie wieder.

10

Kant und das Erbe der Transzendentalphilosophie

Von allen seinen philosophischen Vorgängern war es Immanuel Kant (1744–1804, siehe links), den Schopenhauer am meisten schätzte und als dessen einzig legitimen Nachfolger er sich sah. Vor allem stützt er sich auf die in Kants *Kritik der reinen Vernunft* (1781) vorgenommene Unterscheidung zwischen „Erscheinung" und „Ding an sich", also zwischen der Art, wie wir die Wirklichkeit erkennen und die Art, wie sie in Wahrheit ist. Eine solche „Zwei-Welten-Theorie" geht auf den griechischen Philosophen Platon (427–347 v.Chr.) zurück, der zwischen der veränderlichen und trügerischen Wahrnehmungswelt und der ewigen, unveränderlichen und wahren Welt der Ideen unterschied. Bei Kant sind die „Erscheinungen" durch sogenannte transzendentale Bedingungen vorgeprägt, d.h. durch Anschauungs- und Denkformen, die im Erkenntnissubjekt selbst liegen und damit „a priori", d.h. vor aller Erfahrung gelten. Dazu gehören Raum und Zeit sowie Kategorien wie Kausalität, Substanz, Qualität, Quantität usw. – Kant nennt 15 Kategorien –, die unserer Erkenntnis von Dingen Struktur geben. Das „Ding an sich" bleibt für Kant unerkennbar.

Der Leib weiß mehr als der Geist.

Schopenhauer übernimmt Kants transzendentalen Idealismus, nimmt aber einige Veränderungen vor. Die „Erscheinungen" heißen bei ihm „Welt der Vorstellung" und Kants Tafel der Kategorien stutzt er auf eine einzige, die Kausalität, zurück. Das, was objektiv erkennbar ist, ist den Formen von Raum, Zeit und Kausalität unterworfen. Im Gegensatz zu Kant gibt es bei Schopenhauer einen Zugang zum „Ding an sich": In der leiblichen Erfahrung des „Wollens" wird uns der „Wille" als Wesen der Welt unmittelbar, unabhängig der objektiven Erkenntnis, zugänglich.

Goethe und die Farbenlehre

Schopenhauer blieb zeitlebens ein Verehrer Goethes. Dieser hatte den jungen Mann, den er öfter im Weimarer Salon seiner Mutter antraf, zunächst wenig beachtet. Doch als Schopenhauer Goethe seine Dissertation *Über die vierfache Wurzel des Satzes vom Grunde* schickte, wurde er im Winter 1813/14 zu mehreren Treffen und Gesprächen in Goethes Haus eingeladen. Dieser suchte einen Verbündeten und Propagandisten für seine Farbenlehre, die in der Öffentlichkeit zu wenig Beachtung gefunden hatte.

Im Grunde waren Schopenhauer und Goethe Verbündete: Beide wandten sich gegen die Ansicht Newtons, die Farben seien im Licht enthalten. Doch Schopenhauer sah sich nicht in der Rolle des Dienenden oder Lernenden, sondern er hatte den Anspruch, die Farbenlehre auf eigene Weise theoretisch zu begründen. Goethe habe lediglich eine „schematische Darstellung von Tatsachen" geliefert, aber noch keine Theorie. Goethe selbst wollte sich jedoch von einem 28-Jährigen nicht schulmeistern lassen. Sein zu Beginn des Jahres 1814 entstandenes Epigramm: „Trüge gern noch länger des Lehrers Bürden, wenn Schüler nur nicht gleich Lehrer würden" war wohl auf Erfahrungen mit dem jungen Schopenhauer gemünzt.

So trennten sich die Wege wieder. Enttäuscht verließ Schopenhauer 1814 Weimar und zog nach Dresden, wo er in wenigen Wochen die *Schrift Über das Sehen und die Farben* verfasste. In ihr gab er eine Erklärung der Farbentstehung im Sinne seines erkenntnistheoretischen Idealismus: Farbe ist keine objektive Eigenschaft von Gegenständen, sondern eine physiologische Erscheinung, eine spezifische Empfindung im Auge, die durch eine Tätigkeit der Netzhaut entsteht, in der von außen kommende Sinnesreize verarbeitet werden.

Das Werk

Ebenfalls in Dresden schrieb Schopenhauer sein Hauptwerk *Die Welt als Wille und Vorstellung*, das er bereits 1819, mit gerade dreißig Jahren, veröffentlichte. Als 1844 endlich die zweite Auflage erscheinen konnte, hatte er so viele Veränderungen und Ergänzungen eingefügt, dass das Buch auf seinen doppelten Umfang angewachsen war. Dies entsprach seiner Ansicht, dass die erste Hälfte des Lebens der „genialen Konzeption" eines Werks, die zweite Hälfte aber ihrer Ausarbeitung und Kommentierung vorbehalten sei.

Auf dieses Buch gründete er sein Selbstbewusstsein und sein Selbstverständnis. Auf die Frage „Wer bin ich denn?" antwortete er: „Der, welcher die Welt als Wille und Vorstellung geschrieben und vom großen Problem des Daseins eine Lösung gegeben ..."

Doch Schopenhauer war keineswegs der Autor eines einzigen Buches. Bereits vor seinem Hauptwerk hatte er zwei Schriften veröffentlicht: 1813 seine Dissertation und 1816 die kleine Schrift *Über das Sehen und die Farben*. Dazu erschien 1837 *Über den Willen in der Natur* und 1840 *Die beiden Grundprobleme der Ethik*, die aus zwei von Schopenhauer eingereichten Preisschriften hervorgegangen war.

Eine besondere Bedeutung kommt seinem 1851 erschienenen Spätwerk *Parerga und Paralipomena* („Nebenwerke und Nachgelassenes") zu, eine Sammlung von Essays zu den verschiedensten Themen, darunter auch die berühmten „Aphorismen zur Lebensweisheit". Erst mit ihm wurde Schopenhauer bekannt und erst ab diesem Zeitpunkt fanden auch seine anderen Schriften ein großes Publikum.

Schopenhauer als Schriftsteller

Schopenhauer gehört zu den lesbarsten unter allen deutschen Philosophen: Seine Sprache ist nicht nur klar und verständlich, sondern auch anschaulich und stilistisch elegant, versetzt mit zahlreichen Beispielen sowohl aus der Lebens- als auch aus der Lektüreerfahrung. Dass Schopenhauer außerhalb der Universität lebte, jedes Fachchinesisch mied und in täglichem Umgang mit den Meisterwerken der Weltliteratur lebte, hat seiner Sprache gutgetan.

Diese Verständlichkeit und Klarheit war Programm, denn der Stil, so Schopenhauer, „ist die Physiognomie des Geistes." „Was ein Mensch zu denken vermag", so schreibt er in seinem Aufsatz „Über Schriftstellerei und Stil" (1851), „lässt sich auch allemal in klaren, fasslichen und unzweideutigen Worten ausdrücken." Sein Motto war: „Man brauche gewöhnliche Worte und sage ungewohnte Dinge." Dies sei jedoch gar nicht so einfach wie es klingt, denn nichts sei leichter „als so zu schreiben, dass kein Mensch es versteht." Einfachheit sei immer ein Merkmal des Genies gewesen.

Im Gegensatz dazu zeichneten sich die deutschen Gelehrten seiner Zeit durch die Gewohnheit aus, „triviale Begriffe in vornehme Worte zu hüllen". Als besonders abschreckende Beispiele galten ihm die Hauptvertreter des Deutschen Idealismus Fichte, Schelling und Hegel, denen er regelmäßig vorwarf, die „Maske der Unverständlichkeit" vervollkommnet zu haben.

Exkurs: Der Deutsche Idealismus

Unter dem „Deutschen Idealismus" versteht man eine philosophische Richtung, die sich im Anschluss an Immanuel Kant und in kritischer Auseinandersetzung mit seinem transzendentalem Idealismus entwickelte. Als seine Hauptvertreter gelten Johann Gottlieb Fichte (1762–1814), Friedrich Wilhelm Joseph Schelling (1775–1854) und Georg Wilhelm Friedrich Hegel (1770–1831). Mit Hegels Tod 1831 fand die von diesen Denkern geprägte Epoche ihr Ende.

Kant hatte der theoretischen Vernunft Grenzen gezogen: Erkenntnis war für ihn gebunden an die Erfahrung und an die im Erkenntnissubjekt angelegten „transzendentalen" Erkenntnisbedingungen. Unsere Erkenntnis der Welt beschränkt sich auf die „Erscheinungswelt" und ist abhängig von dem, was wir aufgrund der Erkenntnisbedingungen in sie hineingelegt haben. Das „Ding an sich", unabhängig von diesen Erkenntnisbedingungen, ist nicht erkennbar.

Der Deutsche Idealismus erkennt diese von Kant gezogenen Grenzen der Vernunft nicht an. Aus der Grundannahme, dass die Quellen aller Erkenntnis im „Ich" liegen (Fichte), dass Natur und Geist identisch sind (Schelling) bzw. dass sich die Vernunft im Prozess der Geschichte offenbart (Hegel), wird geschlossen, dass die Vernunft aus sich heraus, in einer reinen Anschauung, zur Selbsterkenntnis und zu einem absoluten Wissen gelangen kann.

Für Schopenhauer lag hierin eine maßlose Selbstüberschätzung der Vernunft. Fichte, Schelling und Hegel galten ihm als haltlos spekulierende „Luftspringer", „Scheinphilosophen" und „Sophisten".

Zwei Antipoden

Georg Friedrich Wilhelm Hegel, eine Generation älter als Schopenhauer, wurde in den letzten beiden Jahrzehnten seines Lebens zum bekanntesten und einflussreichsten deutschen Philosophen. Für Schopenhauer wurde Hegel zum Erz- und Lieblingsfeind.

Hegels sogenannter „absoluter Idealismus" ist eine optimistische Vernunftphilosophie. In der Vorrede zu seiner 1821 erschienenen *Grundlinien der Philosophie des Rechts* schrieb er den berühmten und umstrittenen Satz: „Was vernünftig ist, das ist wirklich, und was wirklich ist, das ist vernünftig." Hegel sah in der Geschichte eine gesetzmäßig, „dialektisch" voranschreitende Fortschrittsentwicklung, in der am Ende die Vernunft in Form des „absoluten Wissens" zur Verwirklichung und zur Selbsterkenntnis gelangt.

Demgegenüber betonte Schopenhauer die Abhängigkeit der Vernunft von dem irrationalen Willen. Weder in der Welt noch in der Entwicklung des Menschen sah er einen Fortschritt. Für den Pessimisten Schopenhauer zeigt sich in der Geschichte die Entzweiung des Willens mit sich selbst, die sich als eine endlose Folge von Konflikten und Kriegen darstellt.

In der ersten Hälfte des 19. Jahrhunderts beherrschte Hegels Philosophie die philosophische Szene, während Schopenhauer weitgehend unbekannt blieb. Erst in der zweiten Jahrhunderthälfte begann Schopenhauers Stern aufzugehen. Beide, die Tradition Hegels und die Tradition Schopenhauers, stehen sich bis heute fremd gegenüber.

Korrupte Philosophieprofessoren!

Der Polemiker

Schopenhauer hatte ein cholerisches Temperament und er war bekannt dafür, in Diskussionen einen aggressiv-polemischen Ton anzuschlagen. Bereits die Zeitgenossen bezeichneten ihn als „Kernbeißer" und seine zuweilen gewählte Ausdrucksweise als „sackgrob". So stilistisch elegant er schreiben konnte, so auffällig sind auch seine immer wieder auftauchenden Polemiken gegen alles, was in ihm Abneigung erzeugte.

Darunter nahm Hegel, der damals populärste Philosoph, einen besonderen Platz ein. Für Schopenhauer war es schwer zu verkraften, dass der von ihm als „Unsinnsschmierer", „Windbeutel" und „Scharlatan" titulierte Hegel jenen Ruhm genoss, den er für sich selbst beanspruchte. So ließ er keine Gelegenheit aus, die Öffentlichkeit zu attackieren, die „einen Hegel, diesen geistigen Kaliban, als den größten der Philosophen ausgeschrien hat."

Aber auch sonst nahm Schopenhauer kein Blatt vor den Mund. Im akademischen Fachchinesisch der Philosophieprofessoren sah er ein „Verstecken der bittersten Gedankenarmut unter ein unermüdliches, klappermühlenhaftes, betäubendes Gesalbader", eine Kritik, die nichts an ihrer Aktualität verloren hat.

Legendär schließlich sind auch seine Ausfälle gegen die Frau als dem „niedrig gewachsenen, breithüftigen und kurzbeinigen Geschlecht", dem jeder wahre Sinn für Kunst abgehe: „sondern bloße Äfferei, zum Behufe ihrer Gefallsucht, ist es, wenn sie solche affektieren und vorgeben" – womit er eine Menge dazu beitrug, von der Nachwelt als Frauenfeind angesehen zu werden.

Der junge Philosoph und die Frauen

War Schopenhauer ein Junggeselle und Hagestolz aus Überzeugung? Und war er wirklich ein Frauenfeind, wie seine späteren Äußerungen dies nahelegen? Der junge Schopenhauer war es jedenfalls nicht. In einem Gespräch mit einem seiner Anhänger, Carl Georg Bähr, hat er sich auch eindeutig dazu geäußert: „Was die Weiber betrifft, so war ich diesen sehr gewogen – hätten sie mich nur haben wollen."

Schopenhauer, in jungen Jahren ein attraktiver Lockenkopf, hatte immer wieder Affären und Liebschaften. Er sei „arg nach den Weibern gewesen" gab er Gesprächspartnern zu Protokoll. Wie auch bei dem von ihm so verehrten Goethe war es Italien, das ihm während seiner Reise 1818 in besonders intensiver Weise erotische Erfahrungen anbot. In Italien, so Schopenhauer, habe er nicht „bloß *das* Schöne, sondern auch *die* Schönen genossen", darunter die Venezianerin Teresa Fuga, die viel Erfahrung im erotischen Umgang mit Reisenden aus dem nördlichen Europa hatte.

Aber auch im heimischen Deutschland hatte der junge Schopenhauer immer wieder Liebschaften, von denen allerdings keine von Dauer war.

Aufstand gegen den philosophischen Großmeister

Ein Jahr, nachdem sein philosophisches Hauptwerk, *Die Welt als Wille und Vorstellung,* erschienen war, wagte der junge Schopenhauer den Aufstand gegen Hegel, den damaligen Großmeister der deutschen Philosophie. Hegel war 1818 auf einen Lehrstuhl an der Berliner Universität berufen worden und hatte dort eine beherrschende Stellung inne.

Ausgerechnet dort reichte der junge Schopenhauer 1819 sein Habilitationsgesuch ein. Im März 1820 wurde er dort zu einer Probevorlesung geladen. Hegel war Mitglied des Gutachterausschusses und es kam zu dem einzigen persönlichen Zusammentreffen zwischen beiden, bei dem sich ein kleiner Disput entspann. Hegels Frage, wo denn das Motiv sei, wenn ein Pferd sich auf der Straße niederlegt, beantwortete Schopenhauer: Das Motiv liege in der Kombination zwischen der Müdigkeit des Tieres und der Möglichkeit sich auf einen flachen Boden zu legen. Hegel war nicht einverstanden, musste sich aber dem Votum eines anderen Ausschussmitglieds beugen.

Doch Schopenhauer legte nach. Als Habilitierter war er verpflichtet Lehrveranstaltungen abzuhalten und er entschloss sich, seine Vorlesungstermine provokativ genau auf die Tage und Stunden zu legen, an denen auch Hegel seine Vorlesungen hielt. Mit niederschmetterndem Erfolg: Die Studenten strömten zu Hegel und nur eine Handvoll von ihnen wollte Schopenhauer hören.

Der Aufstand gegen den Großmeister war gescheitert: Es war der Anfang vom Ende der akademischen Karriere Schopenhauers.

Gegen die Professorenphilosophie der Philosophieprofessoren

In den 1820er Jahren, als das vom Vater ererbte Vermögen durch die Insolvenz des Danziger Handelshauses Muhl gefährdet schien, entschloss sich Schopenhauer, sich um einen Lehrstuhl an einer Universität zu bemühen. Dies misslang, teils wegen mangelnder Fürsprecher, aber auch wegen der geringen Resonanz, die seine 1819 erschienene *Welt als Wille und Vorstellung* in der Öffentlichkeit hatte.

Im Laufe der Jahre wurde seine Haltung gegenüber der akademischen Philosophie immer kritischer. In seinem Spätwerk *Parerga und Paralipomena* veröffentliche er schließlich den längeren Aufsatz „Über die Universitätsphilosophie", in der er seine Kritik an der „Professorenphilosophie der Philosophieprofessoren" zusammenfasste. Hintergrund war nicht nur die Erfahrung des akademischen Scheiterns, sondern auch die sogenannten „Karlsbader Beschlüsse" von 1818, die dem Staat stärkere Eingriffe in die Inhalte universitärer Lehre erlaubten. Dass Philosophie von einem eng mit der Kirche verbandelten Staat bezahlt und damit zum „Brotgewerbe herabgewürdigt" werde, führe zwangsläufig dazu, so Schopenhauer, dass Philosophieprofessoren die reine Wahrheitssuche zugunsten der eigenen materiellen Interessen opferten und eine religionskritische Philosophie verhindert werde. Als vornehmliches Beispiel galt ihm wiederum die Philosophie Hegels, in der sich für ihn Staatsvergötterung mit Theologie in rationalem Gewand verband und die eine ganze Generation von Gelehrten geprägt habe.

Philosophie eines einzigen Gedankens

Schopenhauer glaubte, ein philosophisches System geschaffen zu haben, das aus einem Guss ist, obwohl er ganz verschiedene philosophische Disziplinen behandelt, nämlich Erkenntnistheorie, Metaphysik, Ästhetik und Ethik. Im Vorwort zur ersten Auflage seines *Welt als Wille und Vorstellung* behauptet er, dass das, was in diesem Werk mitgeteilt werden soll, „ein einziger Gedanke" sei, der lediglich „von verschiedenen Seiten" betrachtet werde. Damit verbunden ist der Anspruch, dass alle Teile des Werks organisch miteinander zusammenhängen, also keines isoliert betrachtet werden darf und jedes Teil für das Gesamtverständnis unverzichtbar sei.

In einem Satz formuliert hat Schopenhauer den einzigen Gedanken aber nirgends. Im Durchgang seines Werks wird allerdings deutlich, was er meint: die Erkenntnis, dass das Wesen der Welt Wille ist, wird von ihren verschiedenen Seiten und von ihren Konsequenzen her betrachtet. Es ist die Willensmetaphysik, die allen anderen Erörterungen ihre Grundlage gibt.

Sie begreift die Welt der Vorstellung als eine „Objektivation" des Willens, der im Menschen erst zur Selbsterkenntnis kommt. Auch die Kunst hat für Schopenhauer eine metaphysische Funktion: Sie setzt den Betrachtenden in ein kontemplatives Verhältnis zum Willen als Wesen der Welt. Und auch in der Ethik geht es um das Verhältnis zum Willen: um Willensverneinung und um Empathie mit allen anderen Wesen, die ebenso „Mit-Leidende" und Geschöpfe des Willens sind.

Warum heißt der Wille „Wille"?

Schopenhauer hat in seiner 1819 erschienen *Welt als Wille und Vorstellung* eine radikale Abkehr von der Tradition der westlichen Philosophie vollzogen: Er hat die These, dass unserer Welt eine rationale Ordnung zugrunde liegt, ebenso verabschiedet wie den Glauben an die Kraft der menschlichen Vernunft. Das, was die „Welt im Innersten zusammenhält", ist eine universale irrationale Kraft, der Wille. Auch der Mensch ist ein willensbestimmtes Wesen.

Doch „Wille" ist ein Begriff, der oft zu Missverständnissen einlädt. Der Wille als Wesen der Welt ist nicht zu verwechseln mit jenem Willen, den wir uns selbst zuschreiben, wenn wir etwas wollen, also z.B. Handlungsziele verfolgen. Der Schopenhauersche Wille hat kein Subjekt und kein Objekt: Er ist ziellos und er ist auch kein Wille von irgendjemandem.
Ganz neu ist die Rede vom „Willen" nicht. Friedrich Wilhelm Joseph Schelling, ein Philosoph, den Schopenhauer ansonsten ablehnte, hatte bereits in seiner Schrift *Über das Wesen der menschlichen Freiheit* (1809) das Wollen als „Ursein" bezeichnet.
Aber warum heißt der Wille „Wille"? Weil wir den Willen unmittelbar in unserer Leiblichkeit als ein Streben und als einen Bedürfniszusammenhang erfahren, also als eine Art Wollen. Der Leib ist einerseits Objekt und damit als äußere Erfahrung Teil der Welt der Vorstellung. Andererseits ist er uns in der inneren, viel unmittelbareren Erfahrung als ein Wollen bewusst. Schopenhauer hat, wie er selbst sagt, den Begriff „Wille" in Analogie zu unserem subjektiven Willen „geborgt" und ihm eine umfassendere Bedeutung gegeben. Er meint nun die gesamte Grundverfassung unserer Existenz.

Die hermeneutische Weltdeutung

Schopenhauers Metaphysik geht einen ganz anderen Weg als die seiner Vorgänger. Für Schopenhauer ist es nicht die Aufgabe der Metaphysik, über die Erfahrung hinauszugehen und das Wesen der Welt „hinter" der Erfahrung zu finden, die Erfahrung also zu „überfliegen", sondern die Welt „von Grund auf zu verstehen, indem Erfahrung, äußere und innere, allerdings die Hauptquelle aller Erkenntnis ist." Das Rätsel der Welt muss „aus dem Verständnis der Welt selbst hervorgehen."

Die Lehre vom Verstehen und Auslegen von Texten heißt „Hermeneutik". Schopenhauers Weltdeutung ist hermeneutisch, indem sie versucht, die Welt richtig zu „lesen", indem innere und äußere Erfahrung richtig gedeutet und in einen Zusammenhang gebracht werden. Geradezu exemplarisch ist dies in der Erfahrung des Leibes möglich. Das in der Leiblichkeit erfahrene Wollen ist, richtig gelesen, Ausdruck eines umfassenden Willens. In dieser Erfahrung und in ihrer richtigen Interpretation liegt für Schopenhauer der Schlüssel zum Verständnis der Welt.

Koch und Kellner

Das Verhältnis zwischen Vernunft einerseits und den Willens- und Triebregungen andererseits war jahrhundertelang Thema der Philosophie. Dabei schien die Rangordnung klar: Die Vernunft ist unumschränkter Herrscher, der Wille, Triebe und Leidenschaften im Zaum hält.

Doch schon der schottische Aufklärer David Hume (1711–1776) hatte mit seiner These, dass die Vernunft nur die Sklavin der Leidenschaften sei, diese Rangordnung in Frage gestellt. Schopenhauer stellt sie endgültig auf den Kopf. Schon sehr früh notierte er: „Vernunft ist nicht das Licht das aus dem Himmel glänzt, sondern nur ein Wegweiser, den wir uns selbst hinstellen."

Im Rahmen seiner Willensmetaphysik macht er aber noch deutlicher, wer hier Koch und wer Kellner ist. Die Vernunft als Fähigkeit zur rationalen Weltorientierung erhebt uns zwar über die Tiere, aber sie ist weder eine göttliche Gabe noch ist sie autonom: Sie steht vielmehr im Dienst des Willens als der alles beherrschenden Lebensmacht. Für den ehemaligen Kaufmannslehrling Schopenhauer ist sie der „Ladenschwengel", den der Meister, sprich: der Wille, überall hinschicken kann, wohin er will. So kann die Vernunft uns nicht nur zu Einsichten führen, sie kann auch Einsichten verdrängen oder zurechtbiegen. Es ist der Wille, der die Vernunft häufig dazu bringt, uns „etwas vorzumachen". Dass wir auch dann, wenn wir glauben, aus rein rationalem Antrieb zu handeln, die Wurzeln tatsächlich in unserem Triebleben liegen, ist eine Einsicht, die später in die Psychoanalyse Sigmund Freuds (1856–1939) aufgenommen wurde.

Vorstellung und Wille: Die erkenntnistheoretische Perspektive

Wir können die Welt auf zwei verschiedene Arten betrachten: einmal als Vorstellung und einmal als Wille. Erstere ist die in unserer normalen Weltwahrnehmung vorherrschende Oberflächenperspektive. Betrachten wir die Welt als Wille, so haben wir die Tiefendimension der Welt erfasst.

Unserer Erkenntnis zugänglich ist nur die Welt als Vorstellung. Sie bleibt immer Erkenntnis von Objekten durch ein Subjekt und unterliegt den Erkenntnisvoraussetzungen von Raum, Zeit und Kausalität. Alle Erkenntnis, auch die wissenschaftliche, unterliegt dem Satz vom Grunde und kann immer nur klären, *warum* ein Ding ist und nie, *was* es ist.

Wenn wir erklären wollen, *was* etwas wirklich ist, stoßen wir auf den Willen. Der Wille ist „das Ding an sich, der innere Gehalt, das Wesentliche der Welt." Er ist ein immer und überall wirkender unaufhaltsamer, aber blinder und erkenntnisloser Lebensdrang, jenseits von Raum, Zeit und Kausalität und jenseits der Subjekt-Objekt Trennung. Die sichtbare Welt ist der Spiegel des Willens, allerdings gebrochen durch das Prisma unserer Vorstellungen.

Den Willen selbst können wir nicht erkennen. Wir können ihn aber erfahren, und zwar über die Triebregungen unseres Leibes, in unserem Wollen, unserem Mangel und unserer Bedürftigkeit. Am stärksten erfahren wir ihn in der Sexualität, der unmittelbarsten und stärksten Regung des Willens in uns.

Vorstellung und Wille: Die metaphysische und moralische Perspektive

Vorstellung und Wille, Oberflächenwirklichkeit und Tiefenwirklichkeit, sind bei Schopenhauer nicht nur Gegenstand einer neutralen, erkenntnistheoretischen Betrachtung. Beeinflusst von ostasiatischen Weisheitslehren, insbesondere vom Buddhismus und den hinduistischen Veden, ist mit dieser Welterfahrung auch eine pessimistische und moralphilosophische Wertung verbunden. Die „Welt als Wille und Vorstellung" hat für Schopenhauer auch einen metaphysischen und einen moralischen Sinn.

Die von Zeit, Raum und Kausalität eingegrenzte Welt der Vorstellung ist eine Welt der Illusion, die wie ein Traum von der wahren Realität entfernt ist. Sie unterwirft den Menschen dem *principium individuationis* und hält ihn, wie der hinduistische Schleier der Maya, in einem Zustand der Unwissenheit und Täuschung gefangen.

Da in allen Individuen der Wille wirkt, ist mit dieser in der Individualität gefangenen Existenz auch ein egoistischer Lebenstrieb verbunden, der bei anderen Leiden erzeugt, aber auch ständig Leiden erfahren lässt. Keine Bedürfnisbefriedigung ist endgültig, jede endet letztlich in Frustration. Die Welt ist für Schopenhauer das Weltgericht: ein Ort, in dem mit dem Leben Schuld erzeugt und Schuld abgetragen wird. Die Welt, so wie sie ist, ist erlösungsbedürftig; sie ist etwas, was besser nicht wäre.

Der ewige Kreislauf des Lebens

Der Wille ist die universale, in allem wirkende Kraft – doch was will der Wille eigentlich? Der Wille ist als ein „endloses Streben" ein Wille zum Leben. Er ist der Motor des ewigen Kreislaufs des Lebens, ähnlich wie das „Rad des Lebens" im Hinduismus und Buddhismus. Der vom Willen getriebene Zeugungsakt ist, so Schopenhauer, der „Weltknoten". Dabei wirkt der Wille insgesamt blind und ziellos. Er objektiviert sich, d.h. er produziert Erscheinungsformen, und zwar in verschiedenen Stufen, von den allgemeinsten Kräften der Natur wie die Schwere bis zu den organischen Wesen, deren Gipfelpunkt der Mensch darstellt. Dabei geht es immer um die Verwirklichung einer Gattungsidee: Das Schicksal des einzelnen Exemplars ist dem Willen gleichgültig. Indem auf diesem Wege höhere Formen der Objektivation die niederen bekämpfen und überwinden, entzweit sich der blinde Wille mit sich selbst. Daher der in der Natur ständig stattfindende Überlebenskampf. Für den Willen gilt: „Jeder einzelne Akt hat einen Zweck; das gesamte Wollen keinen".

Auf den obersten Stufen objektiviert sich der Wille in Individuen. Im menschlichen Individuum, der höchsten Stufe, gelangt der Wille schließlich zur Selbsterkenntnis seines Wirkens. Er hat sich, wie Schopenhauer schreibt, „ein Licht angezündet". Der Mensch, selbst ein Produkt des Willens, kann das Wirken des Willens durchschauen und ihm in sich durch Willensverneinung ein Ende setzen.

Die *Upanischaden* sind eine Sammlung philosophisch-religiöser Texte, die, ursprünglich mündlich überliefert, im alten Indien etwa zwischen 700 und 200 v.Chr. in Sanskrit niedergeschrieben wurden. Sie wurden in den Kanon der Veden, der heiligen Schriften des Hinduismus, aufgenommen. Es handelt sich nicht um abstrakte Traktate, sondern um Lehrerzählungen, in denen das zentrale Thema, nämlich das Erreichen der Erkenntnis einer höheren Form der Wirklichkeit, von den verschiedensten Seiten umkreist wird.

Im Mittelpunkt stehen die beiden Konzepte Atman (die wahre geistige Natur des Menschen) und Brahman (die Weltseele als höhere Form der Wirklichkeit). In der Vereinigung von Atman und Brahman gelangt der Mensch zur Erkenntnis der wahren Wirklichkeit und erlöst sich aus dem Kreislauf des Leidens und der Wiedergeburten.

Für Schopenhauer waren die *Upanischaden* die „Ausgeburt der höchsten menschlichen Weisheit". Er besaß eine (allerdings stark bearbeitete) lateinische Übersetzung unter dem Titel „Oupnek'hat". Es wurde sein Lebensbuch, das er zur täglichen Lektüre bereithielt. „Es ist", so schrieb er im Alter, „die belohnendste und erhebendste Lektüre, die auf der Welt möglich ist: Sie ist der Trost meines Lebens gewesen und wird der meines Sterbens sein."

Schopenhauer und die ostasiatischen Weisheitslehren

Schopenhauer ist unter allen Vertretern der westlichen Philosophie derjenige, der den ostasiatischen Religionen und Weisheitslehren des Hinduismus und Buddhismus am nächsten steht und der sich am intensivsten mit ihnen befasst hat. Die Verbindung zu seiner eigenen Philosophie sah er als so eng an, dass er im Alter keine Bedenken hatte, sich als „Buddhist" und die Religion des Buddhismus, die keinen Gott kennt, als „die vornehmste auf Erden" zu bezeichnen.

Entscheidend war seine frühe Bekanntschaft mit den *Upanischaden*, einem Grundtext des Hinduismus, den er in der lateinischen Übersetzung einer persischen Vorlage las, die sich selbst wiederum auf eine Übersetzung aus dem Sanskrit stützte. In diesem Übersetzungsprozess waren zahlreiche buddhistische Elemente in den Text eingeflossen. In seinem späteren Leben erwarb Schopenhauer eine sehr viel intensivere Kenntnis sowohl des Hinduismus als auch des Buddhismus. Mit den ostasiatischen Weisheitslehren teilte er die Grundthese, dass im Sinne des „Tat Tvam Asi" („Das bist Du") in einer tieferen Schicht der Wirklichkeit alle Wesen in einer Einheit verbunden sind. Wie das buddhistische „Sansara" deutet er das Leben pessimistisch als einen Schuldzusammenhang und einen Kreislauf des Leidens. Das hinduistische „Maya" als eine Befangenheit in einer Welt des Scheins und der Täuschung brachte er mit seiner Welt der Vorstellung in Verbindung. Schließlich identifizierte er das buddhistische „Nirwana" mit dem erlösenden Zustand der Willensverneinung und teilte die Wertschätzung für Asketen und Heilige.

> Kein Tier jemals quält, bloß um zu quälen; aber dies tut der Mensch, und dies macht den teuflischen Charakter aus, der weit ärger ist, als der bloß tierische.

Tierfreund und Menschenskeptiker

Wie ist das moralische Verhältnis zwischen Mensch und Tier? Haben Tiere Rechte und haben wir Pflichten gegenüber Tieren? Schopenhauer nimmt hier eine ganz andere Position als der Mainstream der westlichen Philosophie vor ihm ein. Tiere sind für ihn keine „Sachen" und kein „Fabrikat zum Gebrauch des Menschen". Sie als rechtlose Wesen anzusehen, hält er für eine „Barbarei des Okzidents". Das Mitleid als Grundlage seiner Ethik fordert ein „Mit-Leiden" mit jeder Kreatur, denn alles Lebende ist wesensgleich. In jedem Wesen erkenne ich mich selbst, ganz im Sinne des hinduistischen „Tat tvam Asi" („Das bist Du").

Schopenhauer blieb ein Leben lang ein Tierfreund und zog den Umgang mit Tieren dem mit Menschen vor. „Die Menschen sind die Teufel der Erde", so schreibt er, „und die Tiere die geplagten Seelen". Seinen Hund titulierte er als „Mensch", wenn er ihn tadelte und mit „Atman" (die im Hinduismus angenommene unzerstörbare Seele), wenn er ihn lobte. In jedem Pudel inkarnierte sich für ihn das Wesen der Welt auf neue Weise und jedem dieser Tiere fühlte er sich wesensverbunden.

Schopenhauer hat sich ein Leben lang für den Tierschutz eingesetzt und gehörte zu den ersten Mitgliedern des 1841 gegründeten Frankfurter Tierschutzvereins.

Die Fabel von den Stachelschweinen

Ist der Mensch ein soziales oder eher ein ungeselliges Wesen? Schopenhauer antwortet darauf mit seiner berühmten Fabel von den Stachelschweinen. An kalten Tagen drängen sich die Stachelschweine zusammen und suchen die Nähe und damit die Wärme der anderen. Sind sie sich aber eine Zeitlang zu nahegekommen, so empfinden sie die gegenseitigen Stacheln, was sie wieder auseinandertreibt.

Ebenso geht es den Menschen: Langweile, innere Leere und Monotonie führen dazu, dass sie die Gesellschaft anderer suchen. Sie haben, so würde man heute sagen, ein Bedürfnis nach Events. Kommen sie sich zu nahe, stoßen sie sich an ihren gegenseitigen Fehlern. Die Umgangsformen, insbesondere die Höflichkeit, haben nach Schopenhauer die Funktion, eine mittlere Distanz zwischen den Menschen herzustellen, was zwar nicht alle sozialen Bedürfnisse erfüllt, aber doch einen gewissen sozialen Zusammenhalt festhält.

Schopenhauers Sympathie liegt aber eindeutig bei denjenigen, die aufgrund des eigenen, inneren geistigen Reichtums keine Gesellschaft brauchen und sich aus ihr zurückziehen.

Zwei Grundprobleme der Ethik

In den Jahren 1837 bis 1839 sandte Schopenhauer zwei Preisschriften ein: eine an Königlich-Dänische Sozietät der Wissenschaft („Preisschrift über die Grundlage der Moral"), die zweite an die Norwegische Sozietät der Wissenschaften („Preisschrift über die Freiheit des Willens"). Sie wurden 1841 gemeinsam unter dem Titel „Die beiden Grundprobleme der Moral" veröffentlicht. Während die Norwegische Akademie die von Schopenhauer eingereichte Preisschrift honorierte, lehnte die Dänische Akademie die ihr eingereichte Schrift ab, was Schopenhauer ihr ein Leben lang übelnahm.

Der Mensch kann wohl tun, was er will, aber er kann nicht wollen, was er will.

Die Grundlage der Moral liegt nicht, wie bei Kant, in einem abstrakten Sittengesetz wie dem Kategorischen Imperativ, sondern in der Natur des Menschen und seinem moralischen Bewusstsein. Es sind die in uns angelegten Prinzipien der Gerechtigkeit und Menschenliebe. In Übereinstimmung mit diesen beiden Prinzipien ist das eigentlich moralische Motiv unseres Handelns das Mitleid. Gemeint ist damit kein spontanes Gefühl, sondern eine längerfristige Einstellung, die sich auch auf entferntes oder zukünftiges Leiden richten kann.

Auch in der Diskussion des zweiten Grundproblems weicht Schopenhauer von Kant ab: Für ihn gibt es keine Willensfreiheit. Menschliches Wollen ist, wie jeder andere Naturvorgang, im Wesen dem Kausalzusammenhang unterworfen, also determiniert. Dies gilt auch für den moralischen Charakter des Menschen, der unser Handeln bestimmt.

Religionskritik

Dass Schopenhauer ein später, aber doch radikaler Aufklärer ist, mag viele befremden, hatte er doch die Vernunft in die Schranken gewiesen und an ihre Stelle den irrationalen Willen inthronisiert. Doch in Fragen der Religion war er noch kompromissloser als die meisten Aufklärer vor ihm. Die Religion ist ihm „das rechte Meisterstück der Abrichtung der Denkfähigkeit". In der vom Willen beherrschten Natur ist weder Platz für einen Gott noch für eine optimistische Weltsicht. Vorstellungen von einer jenseitigen Welt, einem allgütigen Schöpfergott und einer „creatio ex nihilo", also einer Schaffung der Welt aus dem Nichts, hielt er geradezu für absurd. Schopenhauers Kritik richtete sich deshalb vor allem auf die monotheistischen Religionen Judentum, Christentum und Islam, denen er auch vorwarf, Andersdenkende gewaltsam zu verfolgen.

Allerdings wertet er die Religion nicht völlig ab. Als eine „Volksmetaphysik" ist sie eine Metaphysik zweiter Klasse und enthält Wahrheiten in allegorischer, also bildlicher Form und kommt so dem metaphysischen Grundbedürfnis des Menschen nach Sinnerklärung entgegen. Solche Wahrheiten sieht er z.B. in den Geboten der Feindesliebe und der Weltentsagung im Neuen Testament, die er auf indische Einflüsse zurückführt.

Den Buddhismus, dem er sehr nahestand, nahm er von seiner Kritik aus, da dieser weder einen Gott noch ein Jenseits kennt.

Das Problem der Theodizee

Eines der meist diskutierten Probleme der christlich beeinflussten westlichen Philosophie und auch eines der wesentlichen Punkte der Religionskritik Schopenhauers war das Theodizee-problem. In der „Theodizee", der „Rechtfertigung Gottes", geht es darum, die Annahme eines allgütigen und allwissenden Gottes mit der Tatsache des Leidens und des Bösen auf der Welt zu vereinbaren. In Schopenhauers pessimistischer Weltsicht ist eine solche Rechtfertigung unmöglich. Der von Gottfried Wilhelm Leibniz (1646–1716) vertretenen optimistischen These, diese von Gott geschaffene Welt sei „die beste aller möglichen Welten" hält er entgegen, sie sei vielmehr „die schlechteste unter den möglichen". Wäre sie ein wenig schlechter, könnte sie gar nicht mehr bestehen. Seuchen wie Pest oder Cholera oder Klimaveränderungen wie eine „Alteration" der Atmosphäre könnten sehr schnell ihren Untergang herbeiführen.

Vor allem von einem metaphysischen und moralischen Standpunkt ist es für Schopenhauer unmöglich, die Welt als Werk eines guten Gottes zu verstehen. Elend und Unvollkommenheit in der Welt deuten vielmehr daraufhin, dass auf der Welt eine von Menschen verursachte Schuld lastet, die mit dem Leben selbst verbunden ist und mit ihm abgetragen wird. Alles spricht dafür, so Schopenhauer, dass der Welt keine positive Zweckmäßigkeit zugrunde liegt, sondern „dass der nächste und unmittelbare Zweck unseres Lebens das Leiden ist."

Neues Testament vs. Altes Testament: Pessimismus vs. Optimismus

Obwohl Schopenhauer ein überzeugter Atheist war, hat er sich mit Religion und insbesondere mit dem Christentum intensiv beschäftigt. Auffällig dabei ist seine völlig unterschiedliche Beurteilung des Neuen und des Alten Testaments. Wo das Christentum im Neuen Testament eine Fortschreibung des Alten Testaments sieht und beide als Teile der „Heiligen Schrift" begreift, glaubt Schopenhauer, dass in beiden Testamenten eine gegensätzliche Weltsicht zum Ausdruck kommt. Das Alte Testament sei von einer optimistischen Weltsicht geprägt: die Welt wird als ein aus dem Nichts geschaffenes, wohl geratenes Werk eines Schöpfergotts verstanden, der dem Menschen das Leben als ein für ihn „gemachtes, angenehmes Geschenk" überreicht. Um das Leiden und das Böse in der Welt zu erklären, werde, zur Rettung der optimistischen Grundansicht, der Sündenfall als eine Art „Nachbesserung" eingeführt.

Das Neue Testament sei hingegen von einem pessimistischen Geist geprägt, der indischen Ursprungs sei. Dazu gehöre die Vorstellung einer erlösungsbedürftigen Welt, eines menschgewordenen Gottes und Heilands, und einer Ethik der Askese und Selbstverleugnung. Diesem weltverneinenden Geist des Neuen Testaments, und nicht dem weltbejahenden Geist des Alten Testaments, fühlte sich Schopenhauer verwandt. Was hier in bildlicher Form zum Ausdruck komme, habe er in seiner Willensmetaphysik in einer rationalen Weise ausformuliert.

Italienische Reisen

Wie der von ihm hochverehrte Goethe und bewusst auf dessen Spuren, begab sich Schopenhauer, kurz nach Abschluss seines Hauptwerks *Die Welt als Wille und Vorstellung*, auf die Reise in das „Land, wo die Zitronen blühen". Italien war damals für viele deutsche Künstler und Intellektuelle Sehnsuchtsort und zugleich das entscheidende Bildungserlebnis. Der Besuch der Kulturstätten der Antike und der Renaissance war Pflicht. Schopenhauer unternahm gleich zwei Italienreisen: von 1818–1819 und von 1822–1823. Dabei suchte er vor allem die Gesellschaft von Engländern, die er Vertretern anderer Nationen vorzog.

Seinen Landsleuten stand der kosmopolitisch gesinnte Schopenhauer skeptisch gegenüber und er mied Kontakt mit ihnen. Im „Cafe Greco" in Rom legte er sich mit einer Gruppe von deutschtümelnden Malern an, die lange Haare und Bärte trugen, sich an einem idealisierten Mittelalter orientierten und als „Nazarener" in die Geschichte eingingen. Eine englische Dame war es auch, der er bei seiner zweiten Italienreise in Florenz den Hof macht, wo er mehrere Monate verbringt. „Mit Italien lebt man wie mit einer Geliebten" schrieb er später, „in Teutschland wie mit einer Hausfrau."

Ehe zu viert? Ein ungewöhnlicher Vorschlag

Schopenhauer war nicht nur ein Metaphysiker, der gedanklich in die Tiefen stieg und sich mit dem Wesen der Welt beschäftigte; er war auch der Meinung, dass man als Philosoph in der Lage sein muss, für Alltagsprobleme rationale Lösungen zu finden. Dabei nahm er weder auf Konventionen, auf religiöse Vorschriften noch auf die festgefügten Meinungen des Mainstreams irgendeine Rücksicht.

So machte er sich viele Gedanken darüber, wie das erotische Zusammenleben zwischen Mann und Frau geregelt werden und dabei die unterschiedlichen sexuellen Bedürfnisse der beiden Geschlechter berücksichtigt werden könne. Während seiner Italienreisen hatte er mehrere erotische Affären, während in Deutschland die Geliebte seine Abwesenheit mit anderen Männern überbrückte.

Die christlich abgesegnete monogame Ehe schien ihm ungeeignet. Während der Zeugungsfähigkeit habe der Mann an einer Frau nur die halbe Zeit Befriedigung, während die Frau zwei bis drei Männer befriedigen könne.

Schopenhauer schlägt deshalb folgendes sexualökonomisches Arrangement vor: Zwei Männer nehmen in jungen Jahren eine Frau zusammen, bis diese verblüht ist. Daraufhin nehmen sie eine für beide eine zweite, wiederum junge Frau, die ihnen dann bis ins Alter hinreicht. Schopenhauer fand dieses Arrangement ebenso vernünftig wie praktisch: „Beide Weiber sind versorgt und jeder Mann hat nur Sorge für Eine."

Caroline Medon: eine Liebe ohne Happy End

Caroline Wilhelmine Richter
(1802–1882)

Schopenhauers Liebesleben war eher von flüchtigen Affären als von dauerhaften Beziehungen geprägt. Dennoch gab es eine Frau, die in seinem Leben eine besondere Rolle spielte: Caroline Wilhelmine Richter, die sich im Bekanntenkreis „Ida" nennen ließ. Schopenhauer lernte die 19-jährige Chorsängerin am Berliner Staatstheater 1821 kennen, als sie bereits eine Ehe mit dem Geheimsekretär Louis Medon hinter sich hatte. Als Caroline Medon trat sie von da an in der Öffentlichkeit auf.

Auch wenn sich beide zwischendurch immer wieder anderen Affären zuwandten, was Eifersucht, Misstrauen und Vorwürfe hervorrief, blieben sie sich immer verbunden. Für Schopenhauer war es die große Passion seines Lebens. Er unterstützte Caroline in Phasen der Krankheit finanziell und schmiedete konkrete Heiratspläne. Als er 1831 wegen der Choleraepidemie Berlin floh, wollte er Caroline mitnehmen, nicht aber ihren kleinen Sohn, der aus einer anderen Beziehung stammte. So kam es zur Trennung.

Doch beide vergaßen sich nie. Caroline schrieb ihm noch zu seinem 70. Geburtstag und er bedachte sie in seinem Testament.

Schopenhauer blieb schließlich Junggeselle. Das Alleinsein war jedoch nicht selbst gewählt. In eines seiner Notizbücher schrieb er: „Mein ganzes Leben hindurch habe ich mich schrecklich einsam gefühlt und stets aus tiefer Brust geseufzt: ‚Jetzt gieb mir einen Menschen!' Vergebens. Ich bin einsam geblieben."

Der Krisenmanager

Schopenhauers Vater hatte nach seinem Tod 1805 seiner Familie ein beträchtliches Vermögen hinterlassen. Es ging zu je einem Drittel an seine Frau sowie an seine beiden Kinder. Mutter und Tochter legten ihr gesamtes Erbe im Danziger Handelshaus Muhl an, Arthur Schopenhauer selbst einen beträchtlichen Teil. Die Zinsen ermöglichten es ihm, sorgenfrei und ohne Zwang zu einer Brotarbeit sich seinem philosophischen Werk zu widmen, wofür er seinem Vater immer dankbar blieb.

Auf seiner ersten Italienreise 1819 erhielt er die Nachricht, dass das Handelshaus Muhl insolvent war. Nun zeigte sich, dass der Privatnachdenker Schopenhauer auch eine gehörige Portion Weltklugheit und Durchsetzungsfähigkeit besaß und der praktische Kaufmannssinn in ihm noch lebendig geblieben war. Der Philosoph bewährte sich als Krisenmanager.

Während Mutter und Schwester in Panik ausbrachen und in einen Vergleich einwilligten, der ihnen einen Großteil ihres Vermögens raubte, blieb der damals 30-jährige Arthur Schopenhauer gelassen. Er bot einerseits seiner Familie finanzielle Hilfe an und fuhr andererseits gegenüber dem Pleite gegangenen Handelshaus eine harte Linie. Nicht zu Unrecht vermutete er, dass dieses sich durch den Vergleich auf Kosten der Gläubiger sanieren wollte.

Der Philosoph pokerte und gewann. 1821, als Muhl wieder zahlungsfähig war, erhielt Schopenhauer seine Vermögensanteile in voller Höhe zurück und hatte sich damit das finanzielle Rückgrat seiner Philosophenexistenz bewahrt.

Mein Bruder ist ein großer Philosoph, aber leider ein schwieriger Mensch.

Adele Schopenhauer hatte eine besondere Vorliebe für Scherenschnitte.

Bruder und Schwester

Schopenhauer war nie ein Familienmensch. Die weitaus längste Zeit seines Lebens lebte er alleine. In späteren Jahren sah er die Ehe als eine Falle an, in die die Frau den Mann lockt, um materiell versorgt zu sein. Schopenhauers neun Jahre jüngere Schwester Adelaide Lavinia, genannt „Adele", blieb ebenso unverheiratet wie ihr Bruder und wohnte bis zu deren Tod bei ihrer Mutter. Sie betätigte sich künstlerisch, pflegte einen weitverzweigten Briefverkehr, litt aber unter ihrer Einsamkeit.

Adele Schopenhauer hielt den Kontakt zu ihrem Bruder aufrecht und nahm Anteil an seinem persönlichen Leben. Im Gegensatz zur Mutter war sie mit seiner Philosophie vertraut und erkannte seinen geistigen Rang: „Ich halte Dich für einen tiefen, heiligen Denker" schreibt sie ihm in einem ihrer Briefe. Ihre mehrmaligen Versuche, zu ihm zu ziehen oder zumindest eine engere Verbindung zu ihm herzustellen, wurden von diesem aber abgewehrt. Nur zweimal, 1842 und 1849, dem Jahr ihres Todes, erlaubte er ihr einen Besuch in seiner Frankfurter Wohnung. Er fürchtete, sie würde ihm auf der Tasche liegen und seine geistige Produktivität stören. „So eng auch Freundschaft, Liebe und Ehe Menschen verbinden" schrieb er in den *Aphorismen zur Lebensweisheit*, „ganz ehrlich meint jeder es am Ende doch nur mit sich selbst".

Der Mensch als Egoist

Dass der Mensch ein „animal rationale", ein vernunftbegabtes Wesen ist, hat Schopenhauer nie in Zweifel gezogen. Doch dass die Vernunft, wie es die Philosophen viele Jahrhunderte glaubten, in der Lage ist, die menschlichen Triebe und Leidenschaften unter Kontrolle zu bringen und zu beherrschen, hielt er für ein realitätsfremdes Vorurteil. Auch die seit dem 18. Jahrhundert von Denkern wie Jean-Jacques Rousseau und Karl Marx vertretene Ansicht, dass der „natürliche" Mensch im Grunde ein gutes Wesen sei, das lediglich durch die Zivilisation und die Klassengesellschaft verdorben wird, war für Schopenhauer Ausdruck eines naiven und schiefen Menschenbilds.

Für Schopenhauer ist der Mensch ein von der irrationalen Kraft des Willens bestimmtes Wesen, das wie alle Lebewesen, auf Daseinserhaltung und Trieberfüllung ausgerichtet ist. Der irrationale Wesenskern des Menschen mainifestiert sich in einem, wie Schopenhauer schreibt, „kolossalen" Egoismus, der einen tiefen Graben zwischen den einzelnen Menschen hinterlässt und verhindert, dass wir die Wesensgleichheit mit anderen durchschauen. Der Eigennutz und nicht das solidarische Miteinander bestimmt von Natur aus das menschliche Handeln. Nicht die Vernunft beherrscht den Egoismus, sondern der Egoismus die Vernunft. Die Vernunft durchschaut oft nicht einmal die wahren egoistischen Motive unseres Handelns oder sie gibt sich dazu her, diesen Motiven ein rationales Mäntelchen umzuhängen.

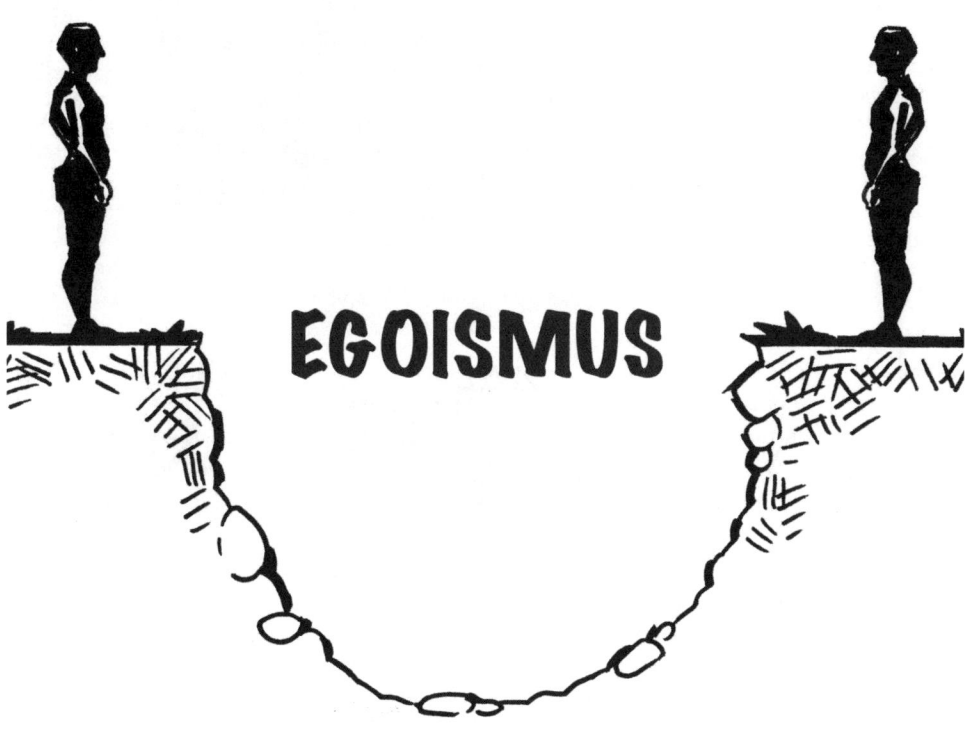

Der Mensch als metaphysisches Wesen

Auch wenn Schopenhauer den Menschen als ein vom Willen zum Leben bestimmtes Wesen ansah, das im Wesenskern mit allen anderen Wesen in einer Einheit verbunden ist, gestand er dem Menschen doch aufgrund seiner rationalen Fähigkeiten eine Sonderrolle zu. So eingeschränkt die Rolle der Vernunft auch ist, so versetzt sie ihn doch in die Lage, auf eine ganz andere Weise auf die Welt zu schauen als Tiere. Der Mensch kann sich mit Hilfe von Begriffen über die konkret vorgegebene Wirklichkeit erheben. Er kann seinen geistigen Blick auf Vergangenheit und Zukunft richten und ist nicht auf die Gegenwart beschränkt. So kann er sich auch der Endlichkeit des Daseins und damit seines eigenen zukünftigen Todes vergewissern. Aus dieser Fähigkeit, sich in Distanz zur Welt zu setzen und sich über das, was ist, zu wundern, entsteht sein „metaphysisches Bedürfnis" und damit die Fragen nach dem Sinn des Lebens und der Welt. In ihnen erweist sich der Mensch als „metaphysisches Wesen", als *animal metaphysicum*. Sein metaphysisches Bedürfnis befriedigt der Mensch auf verschiedene Weise: auf populäre und bildlich-allegorische Weise in der Religion, die deshalb auch eine Art „Volksmetaphysik" ist; oder auf begrifflich-rationale Weise in der Philosophie. Erst letztere kann ihm die metaphysischen Fragen in unverstellter Klarheit beantworten.

Le Penseur („Der Denker") des Bildhauers Auguste Rodin aus den 1880er Jahren.

Die Einheit aller Wesen

Dass der Mensch sich durch seine geistige Ausstattung von anderen Wesen unterscheidet, wird auch von Schopenhauer nicht bestritten. Doch wie tief ist dieser Graben wirklich? Seit der Antike, und besonders unter dem Einfluss des Christentums, haben die Philosophen an der Meinung festgehalten, dass dieser Unterschied tiefgreifend und unüberbrückbar ist. Als ein Wesen mit Vernunft und, wie viele glaubten, mit einer Seele, sei der Mensch in besonderer Weise mit Gott verbunden. Der Begründer des neuzeitlichen Rationalismus, René Descartes (1596–1650) bezeichnet die Tiere als „Maschinen ohne Seele".

Schopenhauer bricht mit dieser Tradition und wirft einen grundlegend anderen Blick auf den Menschen. Die Menschen hätten sich bisher geweigert, so Schopenhauer, anzuerkennen „dass wir, dem Wesentlichen nach und in der Hauptsache, das Selbe sind wie die Tiere." Zwar sind die Tiere nicht zu abstraktem Denken fähig, doch sie sind, wie die gesamte Natur, auf tiefere Art, nämlich durch den Willen, mit den Menschen in einer Wesensidentität verbunden. Mensch und Tier unterscheiden sich nur durch den „Intellekt", nicht durch die „Substanz". Der Wille als der unzerstörbare Wesenskern sowohl des menschlichen als auch alles anderen Lebens begründet die Einheit aller Wesen. Es gibt keine Seele, die uns von anderen Wesen trennt, wohl aber den Willen, der uns mit ihnen verbindet. Schopenhauer stellt sich hier ganz in die Tradition des Hinduismus und Buddhismus, während er die christliche Sicht des Menschen ablehnt.

Ethik des Mitleids und der Empathie

Auf die Frage, warum wir moralisch handeln sollen, antwortet Schopenhauer mit dem Verweis auf die in der Tiefenwirklichkeit des Willens begründete Einheit aller Wesen. Aus der Erkenntnis, dass wir alle „Mit-Leidende" sind, ergibt sich die moralische Forderung nach Überwindung des Egoismus und nach Solidarität mit Anderen. Schopenhauers Ethik ist eine Ethik der Empathie, in der wir uns immer bemühen müssen, den Zustand der anderen mitzuempfinden. Dieses „Mitempfinden" und „Mitleiden" findet seinen Ausdruck im Gefühl des Mitleids. Mitleid ist für Schopenhauer die eigentliche Triebfeder der Moral. Im Mitleid nehmen wir nicht mehr die Perspektive des Eigeninteresses ein, sondern betrachten den anderen in der gleichen Weise wie uns selbst. Mitleid ist „die Quelle der Menschenliebe". Wer von Mitleid erfüllt ist, „wird zuverlässig Keinen verletzen, Keinen beeinträchtigen, Keinem wehe tun, vielmehr mit Jedem Nachsicht haben". Wir überwinden damit, wenigstens zeitweise, das *principium individuationis*, das Prinzip der Vielheit und Vereinzelung, das unsere normale Wahrnehmung der Welt und der Menschen bestimmt.

Dabei ist Schopenhauers Ethik des Mitleids und der Empathie nicht nur auf Menschen beschränkt. Sie fordert vielmehr „grenzenloses Mitleid mit allen lebenden Wesen", woraus folgt, dass wir auch Pflichten gegenüber Tieren haben.

Darf man Tiere essen?

Aus der Einsicht, dass Mensch und Tier in einer Wesensidentität miteinander verbunden sind, fordert Schopenhauer eine grundlegend veränderte Haltung gegenüber Tieren. Er stand damit ganz im Einklang mit religiösen Lehren des Orients, auf die er sich auch immer wieder berief. Tiere haben Rechte, d.h. sie haben Anspruch auf unser Mitgefühl, auf ,menschliche' Behandlung und vor allem darauf, als eigenständige Wesen respektiert zu werden. Besonders nachdrücklich hat sich Schopenhauer deshalb gegen jede Form der Tierquälerei und vor allem gegen Tierversuche gewandt.

Doch er war kein Vegetarier. Entscheidend war für ihn das Kriterium der Leidensfähigkeit. Schopenhauer glaubte, dass vor allem der in nördlichen Klimaten lebende Mensch durch den Entzug von Fleisch mehr leiden würde als das Tier durch einen schnellen Tod. „Ohne tierische Nahrung", so Schopenhauer, „würde das Menschengeschlecht im Norden nicht einmal bestehen können." Gleichzeitig forderte er jedoch, dass beim Schlachten und Töten von Tieren die „höhere Wissenschaft des Okzidens" mit der „höheren Moral des Orients" Hand in Hand gehen solle. Medizinische Technik sollte dazu verwendet werden, das Leiden der Tiere zu verhindern oder zu minimieren. Vor allem höher entwickelte und empfindungsfähige Tiere sollte man deshalb den Tod durch Narkose erleichtern.

Determinismus und Freiheit

Wir können die Welt nach Schopenhauer nur als „Vorstellung", also nur durch die Brille von Raum, Zeit und Kausalität wahrnehmen. Die Frage, ob alles Geschehen determiniert, also als Glied einer Kette von Ursachen und Wirkungen verstanden werden muss; ob diese Kausalkette undurchdringlich ist oder durch einen freien Willen durchbrochen werden kann, ist eine der bis heute meist diskutierten Fragen der Philosophie. In dem Streit zwischen „Deterministen" und „Indeterministen" steht Schopenhauer auf Seiten der Deterministen. Auch was unser Handeln angeht, gibt es für ihn keine Lücke in der Kette von Ursache und Wirkung. Unser Wollen ist durch unseren Charakter und unsere Motive determiniert. Damit scheint die Welt „ein Spiel mit Puppen, an Drähten gezogen".

Damit ist das Thema „Freiheit" für ihn jedoch nicht ganz erledigt. Wir können zwar nicht beeinflussen, was wir wollen, aber es gibt unterschiedliche Spielräume, das zu verwirklichen, was wir wollen. Diese unterschiedlichen Spielräume bestimmen unsere Handlungsfreiheit, die Schopenhauer „physische" Freiheit nennt.

Von einem metapyhsischen Standpunkt aus, der sich über die Perspektive der Vorstellungs-welt erhebt, ist es lediglich der Wille als Wesen der Welt, dem man Freiheit zusprechen kann. Er ist frei in dem, was und in welcher Art er etwas hervorbringt. Sobald aber etwas existiert, ist sein Wirken dem Gesetz von Ursache und Wirkung unterworfen.

Der unveränderliche Charakter

Dass es die Erziehung und die gesellschaftlichen Umstände sind, die unseren Charakter formen, glaubt Schopenhauer nicht. Wie kommt es, so fragt er, dass Menschen, die unter den gleichen Umständen aufwachsen und erzogen werden, so verschieden sind? Eben weil sie einen unterschiedlichen Charakter haben. Für Schopenhauer sind unsere charakterlichen Anlagen, das, was er den „empirischen Charakter" nennt, ein für allemal festgelegt: „Der Mensch ändert sich nie: wie er in einem Falle gehandelt hat, so wird er, unter völlig gleichen Umständen, stets wieder handeln."

Allerdings kennen wir unseren Charakter oft nicht. Wir lernen ihn erst durch Lebenserfahrung kennen. Durch Erziehung und Umgang mit der Welt können wir unsere charakterlichen Anlagen in begrenztem Maße steuern und aus dem empirischen Charakter den „erworbenen Charakter" machen. Nicht jeder, der charakterlich verwerfliche Anlagen hat, muss also zum Bösewicht werden.

Sind wir aber überhaupt für unseren Charakter verantwortlich? Hier verweist Schopenhauer wiederum auf unser Wesen als Wille, also auf den metaphysischen Bereich jenseits von Raum Zeit und Kausalität, der unserer Erkenntnis entzogen ist. Als Wille wählen wir in einem außerzeitlichen Akt unsere Individualität, unseren „intelligiblen Charakter". Der intelligible Charakter ist das, was wir in Wahrheit sind und wofür wir in einem tieferen Sinne verantwortlich sind. Sichtbar wird er für uns als empirischer und unveränderlicher Charakter.

Kunst als Kontemplation

Für Immanuel Kant ist die Kunstbetrachtung mit einem „interesselosen Wohlgefallen" verbunden. „Inter esse" heißt wörtlich „dazwischen sein". Wenn wir uns einem Kunstwerk wirklich nähern wollen, dürfen wir nichts zwischen uns und das Werk stellen und keine außerkünstlerischen Zwecke mit ihm verbinden. Wir fragen dann nicht, wie viel Geld es wert ist oder ob es sich zur Dekorierung unseres Wohnzimmers eignet. Wir lassen uns ganz auf das Werk selbst ein.

Schopenhauer sah dies ähnlich. In der Betrachtung des Kunstwerks, aber auch in der ästhetischen Betrachtung von Dingen im Allgemeinen, wird nicht nur der Satz vom Grunde, sondern die gesamte Tätigkeit des Willens ausgeschaltet. Die ästhetische Betrachtungsweise ist eine „im Objekt ganz aufgehende, reine Kontemplation". Das betrachtende Subjekt versenkt sich so in seinen Gegenstand, dass beide eins werden. Das Individuum wird „reines, willenloses, schmerzloses, zeitloses Subjekt der Erkenntnis."

Damit erhält die ästhetische Kontemplation bei Schopenhauer auch eine moralische und metaphysische Funktion: Ähnlich wie in der mystischen Erfahrung gelingt es ihr, die Aktivität des Willens und damit die Leidenserfahrung zumindest augenblicksweise stillzustellen und zu überwinden: „Der Sturm der Leidenschaften, der Drang des Wunsches und der Furcht und alle Qual des Wollens sind dann sogleich auf eine wundervolle Art beschwichtigt."

Kunst als Erkenntnis

Kunst hat für Schopenhauer nicht nur einen kontemplativen, sondern auch einen Erkenntnischarakter. In ihr geht es nicht nur um konkrete Dinge und Geschehnisse, sondern wir erfahren auch etwas Allgemeines über die Welt. Diese erscheint uns dabei nicht als etwas sich ständig in Raum und Zeit Veränderndes, sondern als ein Gefüge von reinen Formen in Gestalt der platonischen Ideen. Für Platon waren die Ideen, im Gegensatz zur Welt der normalen Wahrnehmungen, Teil einer höheren, transzendenten, ewigen und unveränderlichen Wirklichkeit. Unter „Ideen" verstand Platon die aus Allgemein- und Gattungsbegriffen abgeleiteten idealen Formen – wie die „Idee des Pferdes", die „Idee der Tapferkeit" usw. – die den einzelnen, von den Begriffen bezeichneten Gegenständen als Modell dienten.

Für Schopenhauer sind diese platonischen Ideen nichts Transzendentes, sondern unbewegte Prägeformen der Vorstellungswelt; der Welt, in der sich uns der Wille als eine Welt von Gegenständen darstellt, sich also, wie Schopenhauer sagt, „objektiviert". Die Idee ist Vermittlung oder Scharnier zwischen dem Willen und dem einzelnen Objekt. In der ästhetischen Anschauung werden sie für uns in reiner Form sichtbar. Sie sind das „Bleibende und Wesentliche" in der Kunst und gipfeln in der „Idee des Menschen", der „vollendetsten Objektivation des Willens", weil in ihr der Wille zur Selbsterkenntnis gelangt. So werden in der Kunst die Weltbegebenheiten zu „Buchstaben, ... aus denen die Idee des Menschen sich lesen läßt".

Die Musik und das Wesen der Welt

Dass Musik mehr als alle anderen Künste uns in unserem Innersten berührt und uns das Gefühl gibt, den Herzschlag der Welt zu hören, ist eine von Vielen geteilte Erfahrung. Doch kein Philosoph vor Schopenhauer hat dem Rechnung getragen und der Musik eine so große Wertschätzung entgegengebracht. Hatte schon die schöne Kunst im Allgemeinen für ihn eine moralische, metaphysische und erkenntnistheoretische Bedeutung, indem sie uns in der reinen Anschauung der ästhetischen Kontemplation von den Bedrängnissen des Willens befreite und uns die Welt wie ein Stillleben in ihren reinen Präfigurationen, den Ideen, vor Augen stellte, so erhält die Musik für Schopenhauer noch höhere Weihen. Musik ist der Expressweg zum Wesen der Welt, sie ist unbewusste Metaphysik in Form einer unmittelbaren, intuitiven Erfahrung: „Das unaussprechlich Innige aller Musik, vermöge dessen sie als ein so vertrautes und doch ewig fernes Paradies an uns vorüberzieht, beruht darauf, daß sie alle Regungen unsers innersten Wesens wiedergibt."

Unser innerstes Wesen aber ist Wille. Die Musik ist für Schopenhauer eine eigene, allgemeine Sprache, die jeder zu allen Zeiten und überall versteht. Sie ist aber eine Sprache ohne Begriffe, die, ohne die Vermittlung von Ideen und Objektivationen, direkt in das Wesen der Welt eindringt und „unmittelbar Abbild des Willens selbst ist". Sie ist die „Melodie, zu der die Welt der Text ist."

Wagner? Nein, danke!

Dass Schopenhauer die Musik adelte, sie zur höchsten Kunstform erhob und ihr bescheinigte, unmittelbar das Wesen der Welt zum Ausdruck zu bringen, machte ihn gerade unter Komponisten zu einem beliebten Philosophen. Ein besonders prominenter Schopenhauer-Anhänger war Richard Wagner (1813–1883), der seit 1849 in Zürich im Exil lebte. Dort lernte er, durch die Vermittlung des Lyrikers Georg Herwegh (1817–1875), die Schopenhauersche Philosophie kennen, die von da an einen großen Einfluss auf sein Werk hatte. Wagner schickte dem von ihm verehrten Schopenhauer über einen Mittelsmann die Textfassung des *Rings der Nibelungen* und lud ihn nach Zürich ein.

Doch die Wertschätzung war nicht gegenseitig. Schopenhauer war zwar ein leidenschaftlicher Musikliebhaber. Er besuchte regelmäßig die Oper und hatte jeden Tag nach der Schreibarbeit eine Stunde reserviert, um auf der Flöte zu spielen. Seine Lieblingskomponisten blieben aber Rossini und Mozart. Mit der Musik Wagners konnte er nicht viel anfangen. Er wandte sich gegen jede Art von „malender Musik" und lehnte die „schalen, nichtssagenden, melodielosen Kompositionen des heutigen Tages" ab. „Sagen Sie ihrem Freund Wagner", ließ er diesem ausrichten, „in meinem Namen Dank für die Zusendung seiner Nibelungen, allein er solle die Musik an den Nagel hängen, er hat mehr Genie zum Dichter! Ich, Schopenhauer, bliebe Rossini und Mozart treu!"

Immanuel Kant
(1724–1804)

Romantiker oder Spätaufklärer?

Schopenhauer war ein Zeitgenosse der Romantik, die die Welt nicht mehr mit der Brille der Vernunft, sondern mit Blick auf ihre phantastischen und dunklen, und oft nur emotional erfassbaren Seiten betrachtete. Schopenhauers These, dass unsere wahrnehmbare Welt eine Oberflächenwirklichkeit ist, die auf einer irrationalen Tiefenwirklichkeit, dem Willen, beruht, scheint dazu gut zu passen. Auch hielt er, wie viele Romantiker, die Musik für die höchste aller Künste, als diejenige, die uns den Weg zum Wesen der Welt öffnet.

Dennoch war die Beziehung Schopenhauers zur Aufklärung sehr eng. Gegen seine romantischen Zeitgenossen beklagte er sich, dass „das ehrwürdige Wort Aufklärung" „eine Art Schimpfwort" geworden sei und bezeichnete die Aufklärungsphilosophen Rousseau, Locke, Hume und Voltaire als „die größten Männer des vorigen Jahrhunderts". Und Kant, dem bedeutendsten deutschen Aufklärer, verdanke er das Beste seiner Entwicklung.

Schopenhauer nahm vor allem in seiner Haltung zur Religion und zur Metaphysik die kritischen Impulse der Aufklärung auf und radikalisierte sie. Er vertrat einen konsequenten Atheismus und wandte sich gegen jeden spekulativen Vernunftgebrauch. Auch in seinem Pessimismus konnte er sich auf ein aufklärerisches Vorbild berufen. Voltaires philosophische, gegen den Optimismus von Leibniz gerichtete Erzählung *Candide*, galt ihm als „unsterblich".
Schopenhauer war nur scheinbar ein Romantiker. In Wahrheit war er ein radikaler Spätaufklärer.

Szene aus „Candide oder der Optimismus" (1759) von Voltaire

Exkurs: Die Philosophie der Aufklärung

Immanuel Kants Aufforderung: „Wage es Dich Deines eigenen Verstandes zu bedienen" ist ein ebenso treffender wie zusammenfassender Slogan der gesamten geistigen Bewegung der Aufklärung, die im 18. Jahrhundert ihren Höhepunkt hatte. Es ging um Mündigkeit und um Kritik an Vorurteilen. Zu ihnen zählten alle Institutionen und Theorien, die der Entfaltung des selbstbestimmten Vernunftgebrauchs im Wege standen.
Die Philosophie der Aufklärung begann im 17. Jahrhundert mit Denkern wie Pierre Bayle (1647–1706) und Baruch de Spinoza (1632–1677), die sich für Toleranz und gegen religiösen Dogmatismus und Zensur aussprachen. Diese Tradition wurde im 18. Jahrhundert vor allem durch die Kirchenkritik Voltaires fortgesetzt.
Auch die Dogmen der Metaphysik, der Glauben daran, dass die Vernunft aus sich heraus, ohne Bezug zur Erfahrung, Erkenntnisse hervorbringen könne, wurde von den englischen Aufklärungsphilosophen John Locke (1632–1704) und David Hume (1711–1776), und später auch von Immanuel Kant bestritten. Radikale Aufklärer wie Thierry D'Holbach (1723–1789) und Julien Offray de La Mettrie (1709–1751) verbanden einen konsequenten Materialismus mit einem ebenso konsequenten Atheismus.

Grenzen der Wissenschaft

Kann die Wissenschaft in die tiefsten Geheimnisse der Welt vordringen? Schopenhauer glaubt dies nicht. Wissenschaft ist für ihn Teil der Fähigkeit unserer Vernunft, anschauliche Erfahrung zu abstrahieren und die Welt mit Hilfe von Begriffen zu erfassen. Ihr geht es um die Zusammenhänge, um die Relationen zwischen Ereignissen, die sie mit Hilfe von Naturgesetzen erklärt. Sie nennt die Ursachen für die Beschaffenheit von Dingen oder für den Eintritt und die Folge bestimmter Ereignisse.

Wissenschaft bewegt sich damit ganz auf dem Boden des Satzes vom zureichenden Grunde. Sie bleibt als „Relationserkenntnis" in den Grenzen der Vorstellung befangen, in der Welt von Raum, Zeit und Kausalität. Sie erklärt uns also, in welcher Beziehung die Dinge zueinanderstehen, wie sie in der Kette von Ursache und Wirkung miteinander verknüpft sind. Wissenschaft fragt nach dem „Warum" und nicht nach dem „Was", d.h. dem Wesen der Dinge. Sie wirft einen horizontalen und keinen vertikalen Blick auf die Welt.

Allerdings gibt es zwischen Wissenschaft und Metaphysik Berührungspunkte. Die Wissenschaft kommt nicht umhin, sich in ihren Erklärungen auf Phänomene wie z.B. die Gravitation zu beziehen, die sie selbst nicht mehr erklären kann. Diese Phänomene, die sogenannten „Naturkräfte", finden ihre Erklärung erst in der Metaphysik. Die Metaphysik und nicht die Wissenschaft ist der Ort, der uns den vertikalen Blick in das Wesen der Dinge ermöglicht.

Metaphysik und Erfahrung

Das große Thema der Metaphysik war jahrhundertelang die wahre Wirklichkeit, die jenseits unserer natürlichen Welt liegt und nicht der Erfahrung, sondern nur unseren geistigen Erkenntnisvermögen zugänglich ist.

Bei Schopenhauer gibt es weder ein „Jenseits" im Sinne einer Transzendenz noch eine erfahrungsunabhängige Metaphysik. Schopenhauers Willensmetaphysik ist im Gegenteil ganz eng mit unserer natürlichen Welt verbunden. Für ihn reden Wissenschaft und Metaphysik nicht über zwei verschiedene Welten, sondern über die gleiche, der Erfahrung zugängliche Welt. Die Naturwissenschaft gibt den Stab an die Metaphysik weiter, wenn sie nicht mehr weiterweiß. Sie nimmt, so drückte sich Schopenhauer aus, den Faden der Physik dort auf, wo diese ihn liegen gelassen hat.

Metaphysik baut also auf den Ergebnissen der Wissenschaft auf und formuliert Antworten auf Fragen, die sich die Wissenschaft nicht mehr stellt. Dazu gehört vor allem diejenige nach dem Ganzen der Erfahrung. Auf den Einzelergebnissen der Wissenschaft aufbauend versucht die Metaphysik eine Gesamtdeutung der Wirklichkeit und dessen, was sie im Innersten zusammenhält.

Schopenhauers Konzept einer empirisch orientierten Metaphysik wurde später von dem Neukantianer Oswald Külpe (1862–1915, siehe links) als „induktive Metaphysik" ausgearbeitet und hat einer Neubestimmung der Metaphysik in der Moderne den Weg bereitet.

Metaphysische Erkenntnis kann es ohne die Erkenntnisse der Einzelwissenschaften nicht geben.

Der Wille in der Natur

Schopenhauer war überzeugt davon, dass seine These, dass alles Naturgeschehen letztlich von der Tiefenwirklichkeit des Willens bestimmt ist, von der Wissenschaft bestätigt werden wird. Anders als andere Philosophen seiner Zeit legte er sehr viel Wert auf eine solche Bestätigung und verfolgte aufmerksam die Ergebnisse der zeitgenössischen Naturwissenschaften.

So sammelte er über Jahre hinweg dafür Belege in der naturwissenschaftlichen Fachliteratur. In Frankfurt stand ihm dafür die Bibliothek der Senckenbergischen Stiftung zur Verfügung, die er eifrig benutzte. Seine Erkenntnisse fasste er 1836 in der Schrift *Über den Willen in der Natur* in systematischer Form zusammen. Von der Pflanzenphysiologie bis zum Magnetismus: Überall war er fündig geworden.

Auf allen Stufen der Natur muss die Wissenschaft auf „Lebenskräfte" oder „Naturkräfte" zurückgreifen, die ihren Ursprung im Willen haben. So ist das Reiz-Reaktions-Verhalten von Pflanzen ebenso auf einen unbewussten Willen zurückzuführen wie menschliche Lebensfunktionen wie Herzschlag und Verdauung. Schopenhauer stellt hier eine enge Verbindung zwischen psychischen und physischen Prozessen her, die inzwischen in der Psychologie und Medizin eine große Rolle spielt. Führt man innere und äußere Erkenntnis zusammen, so wird klar, dass Kausalität und Wille im Grunde identisch sind, dass Kausalität selbst nur eine Erscheinungsform des Willens ist. Das Innere der Natur ist Wille.

Naturkräfte

Der Wille äußert, also „objektiviert" sich in der Natur in Stufen: von den niedrigsten Formen der anorganischen Natur bis zum Menschen als der höchst entwickelten organischen Form. In der anorganischen Natur sind es „Naturkräfte" wie Schwere, Undurchdringlichkeit, Beweglichkeit oder auch Elektrizität, in denen der Wille als Trieb zur Selbsterhaltung zum Ausdruck kommt. Naturkräfte sind nach Schopenhauer grundlose und „unmittelbare Erscheinungen des Willens". So kann in dem Stein, der sich in Bewegung setzt, wenn man ihn anstößt, der in ihm wirkende Wille gesehen werden, seine Kohärenz und damit seine Existenz als Stein zu bewahren. Naturkräfte verleihen den natürlichen Ursachen zwar ihre Wirksamkeit, liegen selbst aber „ganz außerhalb der Kette von Ursachen und Wirkungen". Ihre Erklärung bleibt deshalb der Metaphysik überlassen.

Auf den höheren Stufen der Naturentwicklung werden die Äußerungsformen des Willens immer individueller. Während sich in der Tierwelt die Individualität auf der Ebene der Gattungen ausprägt, wird er schließlich im Menschen als individueller Wille des Einzelnen sichtbar.

Der in sich entzweite Wille: Natur und Geschichte

Der Wille wirkt in allen Wesen wie ein Vitalitätsdoping. Doch er hat gleichzeitig eine destruktive Seite. Die in jedem Wesen zutage tretende Lebenskraft ist mit einer egoistischen Trieborientierung verbunden, die sich auch gegen andere Wesen richten kann. Verschiedene Egoismen kommen überall in der Natur miteinander in Konflikt. Der bekannte, in der Natur überall zu beobachtende Überlebenskampf, in dem der Stärkere sich gegenüber dem Schwächeren durchsetzt, findet dadurch seine Erklärung. Die Pflanzen dienen den Tieren zur Nahrung und die Tiere sind Beute und Nahrung anderer Tiere. Überall in der Natur zeigt sich „die dem Willen wesentliche Entzweiung mit sich selbst." Der sich immer selbst bejahende Wille ist weder rational noch optimiert: Seine unersättliche Lebensgier hat einen selbstzerstörerischen Zug.

Im Menschen, dem höchst entwickelten Wesen, hat auch der Egoismus eine besonders starke Ausprägung erhalten. Der Mensch hat nicht nur seine Spuren in der Natur hinterlassen, die er „als Fabrikat zu seinem Gebrauch behandelt", sondern vor allem auch im Verhalten der Menschen zueinander. Die menschliche Geschichte ist eine Bühne unaufhörlicher Konflikte und Grausamkeiten, auf der die Entzweiung des Willens, „auf dem höchsten Gipfel seiner Objektivation, mit vollendeter Deutlichkeit hervortritt." In der Selbstentzweiung des Willens wird der Mensch des Menschen Wolf.

Da also mehr Individuen ins Leben treten als bestehen können, so muss auf jeden Fall ein Kampf ums Dasein stattfinden, ...

... entweder zwischen Individuen derselben oder verschiedener Arten oder zwischen Individuen und äußeren Bedingungen.

Schopenhauer und die Evolutionstheorie

Kaum eine Diskussion hat die wissenschaftliche Welt in der zweiten Hälfte des 19. Jahrhunderts so aufgewühlt, wie die von Charles Darwin aufgeworfene Frage nach dem Ursprung der Arten. Reproduzierte die Natur eine vorgegebene Matrix von Arten und Gattungen – wie dies auch die Anhänger der christlichen Schöpfungsordnung glaubten – oder war die Natur ein offener Entwicklungsprozess, in dem Arten durch Auslese entstehen?

Schopenhauer war 20 Jahre älter als Darwin und hat dessen Werke nicht mehr wahrgenommen. Er war auch selbst nie ein Evolutionstheoretiker, doch unter dem Einfluss von Wissenschaftlern wie Jean Lamarck (1744–1829) näherte er sich im Laufe seines Lebens dem Evolutionsgedanken immer mehr an.

In der ersten Fassung der *Welt als Wille und Vorstellung* hält Schopenhauer die Gattungen noch für „unzerstörbar" und damit auch für unveränderbar. Doch ab dem 1836 erschienen *Über den Willen in der Natur* sah er im Gedanken eines allen Naturgeschehens zugrunde liegenden Weltwillens den Ansatzpunkt einer dynamischeren Naturauffassung: Der Wille als universal wirkender egoistischer Lebenstrieb führt die Wesen in einen unendlichen Daseinskampf und lässt bestehende Gattungen immer wieder mutieren. Aber er lässt auch der Umwelt angepasste „zweckmäßige" Wesen entstehen und sucht sich im Laufe der Erdzeit in immer höheren Stufen der Entwicklung zu verwirklichen. Der „Wille zum Leben" ist für Schopenhauer das „Urtier", aus dem alles hervorgeht.

Ein verkappter Materialist?

Schopenhauer hat den Materialismus als philosophische Position immer abgelehnt und sich zu einer „idealistischen Grundansicht" bekannt, also zu der Auffassung, dass das, was wir erkennen können, abhängig ist von Erkenntnisvoraussetzungen, die im Subjekt angelegt sind. Was wir erkennen, ist die über Raum, Zeit und Kausalität vermittelte Welt der Vorstellungen. Auch das, was wir Materie nennen, ist demnach nichts anderes als Vorstellung.

Doch in späteren Jahren hat Schopenhauer, angeregt durch intensive naturwissenschaftliche Studien, die Rolle der Materie aufgewertet. Sie wird für ihn zur „unmittelbaren Erscheinung" des Willens, der Intellekt hingegen zu einem „sekundären Phänomen". Diese Neuakzentuierung führte zu dem, was die Schopenhauer-Forscher als „Gehirn-Paradox" bezeichnet haben und sie in ähnliche Verwirrung gestürzt hat wie die Frage: Was war zuerst, Huhn oder Ei? Ist der Intellekt, und damit die Welt des Bewusstseins und des Geistes, ein Produkt der Materie, ein bloßes „Gehirnphänomen", wie sich Schopenhauer selbst ausdrückt? Das wäre die Ansicht eines philosophischen Materialisten. Oder ist nicht vielmehr auch das Gehirn ein Teil unserer Vorstellungen, wie es dem von Schopenhauer vertretenen erkenntnistheoretischen Idealismus entspricht?

Schopenhauers Philosophie, so hat es Alfred Schmidt (1931–2012), selbst Materialist und Schopenhauer-Kenner, salomonisch formuliert, „lässt sich weder für noch gegen den Materialismus in Anspruch nehmen."

Was war zuerst da: Ich oder das Ei? Die Materie oder der Intellekt?

Die Illusionsmaschine: das principium individuationis

Wir befinden uns auf einer riesigen Puppenbühne voller Marionetten, die sich alle als verschieden wahrnehmen und miteinander und oft gegeneinander agieren. Doch jede dieser Marionetten wird vom gleichen Puppenspieler gelenkt – alle Marionettenschnüre laufen in einer Hand zusammen. Die Verschiedenheit der Marionetten ist nur Oberfläche und Täuschung. Die Kraft, die alle zusammenhält, ist die gleiche. Sie mögen sich als verschieden empfinden, aber sie sind alle wesensidentisch.

In Schopenhauers Weltbild sind wir wie diese Marionetten. Die Illusionsmaschine, die uns von der Erkenntnis des Puppenspielers und unseres wahren Wesens abhält, heißt *principium individuationis*, also das Prinzip der Konkretisierung und Vereinzelung. Wie in den indischen Religionen der Schleier der Maja führt es uns die Illusion einer dem Satz vom Grunde unterworfenen und in Zeit und Raum befangenen Welt der Einzelwesen vor. Es ist die Welt der Vorstellung, in der wir die Schranken zwischen den Individuen als unüberbrückbar empfinden und zwischen unserem Leben und dem der Anderen und auch zwischen den Ereignissen der Welt keinen Zusammenhang sehen. Unser Bewusstsein der Individualität und Verschiedenheit von Anderen beruht jedoch auf einer Täuschung: Als Marionetten des Willens sind wir im Griff der Illusionsmaschine.

Die ewige Gerechtigkeit

Geht es in der Welt gerecht zu? Vieles, was wir wahrnehmen und auch aus der Geschichte wissen, spricht dagegen. Der Satz: „Die Guten hängt man und die Bösen lässt man laufen" – mag etwas übertrieben klingen, aber ganz falsch ist er nicht. Vom Standpunkt des einzelnen Individuums ist die Welt ungerecht.

Für Schopenhauer gibt es aber sehr wohl eine ewige Gerechtigkeit, die dafür sorgt, dass sich Gutes und Böses, Freude und Leiden auf der großen Weltbühne immer ausgleichen. Um sie zu erkennen, müssen wir uns aber über den Standpunkt des Individuums erheben, also das *principium individuationis* überschreiten: „Die lebendige Erkenntnis der ewigen Gerechtigkeit, des Waagebalkens" erfordert die „gänzliche Erhebung über die Individualität". Zu dieser Erkenntnis komme ich, wenn ich den Willen in mir nicht mehr vorbehaltlos bejahe und beginne, im Willen des anderen meinen eigenen wiederzuerkennen. Auf der höheren Ebene der Willenseinheit sind wir alle wesensidentisch und der, der Leiden und Böses erfährt und der, der es verursacht, sind im Grunde eins. Deshalb wird Schuld auch nicht auf der Ebene des Individuums abgetragen, sondern auf der Ebene der „Einheit des Willens in allen seinen Erscheinungen". Was der Eine verbockt, muss der Andere auslöffeln – weil der Eine und der Andere das selbe Wesen sind, „was, in seiner eigenen Erscheinung sich selbst nicht wiedererkennend, sowohl die Qual als die Schuld trägt ...".

Könnte man allen Jammer der Welt in eine Waagschale legen, und alle Schuld der Welt in die andere; so würde gewiss die Zunge einstehen.

Warum kann der Wille verneint werden?

Der Wille als universale, irrationale und triebhafte Energie beherrscht alles Leben. Es scheint keine Möglichkeit zu geben, sich seiner Herrschaft zu entziehen. Und doch hält Schopenhauer eine Verneinung, eine grundsätzliche Abkehr des Menschen vom Willen für möglich. Grund dafür ist der Mensch, der eine besondere Rolle unter allen Hervorbringungen des Willens spielt: Im Menschen kommt der Wille zur Bewusstheit und Selbsterkenntnis, er setzt sich ein Licht auf, das ihn sich selbst erkennen lässt. Ihm wird klar, dass das vom Willen bestimmte Leben ein von Leiden geprägter Wahn ist, von dem es sich zu lösen gilt. Im Menschen, als dem höchsten, mit Selbstbewusstsein und einem individuellen Willen ausgestatteten Wesen sind die Voraussetzungen gegeben, „dem Willen diejenige Erkenntnis zu verleihen, in Folge welcher er sich selbst verneint und aufhebt".

Im Menschen kann der Wille sich wenden. Ein von Mitleid bestimmtes moralisches Leben ist dazu bereits ein erster Schritt. Es ist, wie Schopenhauer sich bildlich ausdrückt, wie ein Flügelschlagen vor dem Auffliegen. Der Flug ist dann ein gänzliches Aufheben des Wollens, wie es die großen Mystiker und Asketen erreicht haben, die Schopenhauer als „Heilige" bezeichnet.

Weil die Welt in ihrem Grund Wille ist, ist die Willensverneinung Weltüberwindung. Die Heiligen und Weltüberwinder und nicht die Welteroberer sind für Schopenhauer die wichtigste Erscheinung in der Geschichte der Menschheit.

Askese

Der Wille ist die Quelle allen Leids. Deshalb gipfelt die Ethik Schopenhauers in der Willensverneinung, in dem erfolgreichen Versuch, den Willen zu wenden. Genau deshalb hatte Schopenhauer eine hohe Wertschätzung für die wenigen Asketen aller Religionen und Weltanschauungen, seien es lamaistische Mönche, christliche Einsiedler oder hinduistische Fakire. Obwohl Askese für ihn nicht der einzige Weg zur Willensverneinung ist, galten ihm die Asketen als „Heilige", denen er bescheinigte, auf diesem Weg sehr weit fortgeschritten zu sein. Der Askese liegt die Überzeugung zugrunde, „dass man sich eines besseren Daseins, als unseres ist, würdig und fähig erkannt hat" und deshalb alles Weltliche verachtet.

Das gemeinsame Merkmal der Asketen ist ein Leben „in freiwilliger und absichtlicher Armut", das jedem Eigentum entsagt, bewusst auf die Erfüllung aller Wünsche verzichtet und auch von außen zugefügtes Unrecht und Leid geduldig erträgt. Besonders sichtbar wird die Askese in der Behandlung des eigenen Leibs: Der Leib und seine Bedürfnisse sind für Schopenhauer ein unmittelbarer Ausdruck des Willens. Verneinung des Willens bedeutet daher Verneinung des Leibs durch Keuschheit, Fasten und Selbstkasteiung. In der Askese wendet sich der Wille gegen sich selbst, gegen das Leben schlechthin und führt schließlich zur Selbstaufhebung. Der Tod ist daher nichts anderes als eine Konsequenz und wird als ersehnte und willkommene Erlösung empfunden.

Das Nichts

Das „Nichts", in der Umgangssprache ein höchst ungewöhnlicher Begriff, spielt bei vielen Philosophen eine wichtige Rolle, allerdings in ganz unterschiedlichen Bedeutungen. Bei Schopenhauer hat das „Nichts" eine große Ähnlichkeit mit der buddhistischen Vorstellung vom „Nirwana" und deutet auf einen Zustand der Erlösung, der vollendeten Erkenntnis und der Befreiung von allem Leiden, wie er auch in der Tradition der Mystik beschrieben wird; innerhalb der Schopenhauers Philosophie ist damit die Erfahrung der vollendeten Willensverneinung gemeint.

Dabei erscheint das Nichts wie ein leeres Glas, das sich plötzlich prall füllt, wenn man es auf den Kopf stellt. Es ist einerseits begrifflich unzugänglich: Man kann nicht benennen, was es ist, sondern nur, was es *nicht* ist. Im „Nichts" ist das *principium individuationis* und damit die Subjekt-Objekt Spaltung ebenso aufgehoben wie Raum, Zeit und Kausalität. Es gibt keine Vorstellung und damit keine Welt mehr.

Andererseits berichten die großen Mystiker von einer überreichen Glückserfahrung, einer Erfahrung des „unerschütterlichen Friedens" und der Fülle, die auch als „Ekstase, Entrückung, Erleuchtung" beschrieben wird. Das scheinbar leere Nichts erscheint hier als erfülltes Nichts.

Das „Nichts" steht nicht ohne Grund als letztes Wort am Ende der *Welt als Wille und Vorstellung*. Es ist das „letzte Ziel hinter aller Tugend und Heiligkeit" und der mystische Schlussstein der Philosophie Schopenhauers.

Von links nach rechts.: Meister Eckhardt, Schopenhauer/ Buddha, Johannes Tauler

Schopenhauer und die Mystiker

Schopenhauers Philosophie hat eine aufklärerisch-rationale, aber auch eine mystische, der begrifflichen Analyse nicht mehr zugängliche Seite. Letztere öffnet sich immer dort, wo von der möglichen Erfahrung der Willensverneinung, der Überwindung des *principium individuationis* oder vom „Nichts" die Rede ist.

Schopenhauer war überzeugt, dass diese von ihm angesprochene nicht-rationale Erfahrung auch den Lehren der großen Mystiker zugrunde liegt. So fühlte er sich den buddhistischen und hinduistischen Weisheitslehren, den „uralten Werken der Sanskritsprache", ebenso seelenverwandt wie den großen christlichen Mystikern, darunter Meister Eckhardt (ca. 1260–1328) oder Johannes Tauler (ca. 1300–1361), bei denen er den pessimistischen Grundtenor des Neuen Testaments in voller Klarheit ausgesprochen sah. „Buddha, Meister Eckhardt und ich lehren im Wesentlichen dasselbe", schrieb er in seine Notizbücher.

Eine seiner Lieblingslektüren war die Autobiographie der französischen Mystikerin Jeanne-Marie Guyon (1648–1717), die er als „schöne und große Seele" bezeichnete und die großen Einfluss auf den Pietismus hatte. Als er in seiner zweiten Lebenshälfte in Frankfurt wohnte, erfuhr er, dass er von seinem Fenster aus auf das Haus des sogenannten „Franckforters" blicken konnte, dem namentlich nicht bekannten Mystiker des 14. Jahrhunderts und Verfasser der *Theologia Deutsch*, einem für Schopenhauer „unsterblichen Werk", in dem er seine Philosophie vorgedacht fand.

Exkurs: Philosophische und religiöse Mystik

Die Mystik ist eine in den vielen Religionen und auch in der Philosophie in vielerlei Gestalt vorkommende Strömung, die glaubt, dass der Zugang zur wahren Wirklichkeit nicht auf rationale Weise, also mit Hilfe von Sprache und Begriffen, erfolgen kann, sondern in einer intuitiven oder auch Erleuchtungserfahrung geschieht. Diese Erfahrung ist keine Erkenntnis im normalen Sinne, sondern hat einen persönlichkeitsverändernden und auch moralischen Charakter: Sie wird als Befreiung und Erlösung, aber auch als „Ekstase" und „Entgrenzung" empfunden, als ein das Individuum überschreitendes Einheitserlebnis.

Wenn Mystiker über ihre Erfahrungen reden, begeben sie sich in die „Fesseln" der Sprache, die sie eigentlich überwinden wollen: Sie greifen entweder auf eine bildliche Sprache zurück, benutzen bekannte Begriffe wie „Gott" oder „Seele" in einer völlig neuen Weise oder drücken sich in negativer Weise, z.B. durch den Begriff des „Nichts" aus.

Mystische Lehren gibt es nicht nur in den ostasiatischen Religionen oder bei den islamischen Sufis, sondern auch im westlichen Denken. Der in der Spätantike von Plotin (ca. 205–270) begründete Neuplatonismus, in dessen Mittelpunkt die visionäre Schau des „Einen" steht, gehört ebenso in diese Tradition wie die christliche Mystik eines Meister Eckhardt (ca. 1260–1328) oder Jakob Böhme (1575–1624), deren Spuren sowohl bei Friedrich Wilhelm Joseph Schelling (1775–1854) als auch bei Schopenhauer sichtbar sind.

Traumdeutungen

Im Jahr 1900 veröffentlichte Sigmund Freud (1856–1939) sein berühmtes Werk *Die Traumdeutung*, mit dem er die Psychoanalyse begründete und die Aufmerksamkeit auf den bis dahin kaum beachteten Bereich des Unbewussten lenkt. Einen Bereich, der offenbar sehr viel mehr Einfluss auf unser Denken und Handeln hatte als bis dahin angenommen. Doch bereits für Schopenhauer führte die Traumwirklichkeit auf die Spur des Unbewussten, das er als das eigentliche und wahre Reale ansah.

Träume sind so anschaulich, objektiv und eindrücklich wie das im Wachen Erfahrene, es fehlt ihnen aber der gewohnte räumliche, zeitliche und kausale Zusammenhang, in dem wir normalerweise Dinge wahrnehmen. Träume sind ins Wanken gekommene Vorstellungswelten und haben von daher eine gewisse Nähe zum Wahnsinn. Ihre Ursachen liegen nach Schopenhauer in nicht bewussten Eindrücken aus dem Innern des organischen Lebens, die im Schlaf ins Gehirn gelangen. Sie werden von einem, von den äußeren Sinnen unabhängigen, Anschauungsvermögen produziert, das Schopenhauer „Traumorgan" nennt.

Damit war ein Tor zum Bereich des Unbewussten und zu einer Wirklichkeit aufgestoßen, die weiter und größer ist als das, was wir im Wachen erfahren. Träume gehören wie der Somnabulismus und das Hellsehen für Schopenhauer zu den Phänomenen, bei denen der Vorhang der durch Raum, Zeit und Kausalität bestimmten Vorstellungswelt sich hebt und der Wille unmittelbarer hervortritt.

Sexualität

Nirgendwo wird die Revolution, die Schopenhauers Welt- und Menschenbild für die Philosophie bedeutet, so deutlich wie in der Rolle, die er der Sexualität beimisst. Für den Mainstream der westlichen Philosophie führte der Weg zur Erkenntnis immer über die Vernunft und nie über die Sinnlichkeit, die einen gegenüber der Vernunft niedrigeren Erkenntnisrang hatte und von dieser beherrscht und kontrolliert werden sollte.

Bei Schopenhauer dagegen ist es genau umgekehrt. Die Vernunft ist zwar die Krone des Baumes, die Genitalien aber seine Wurzel. Es sind die Triebe, die nicht nur eine beherrschende Rolle einnehmen, sondern uns auch auf den Weg der Erkenntnis führen. Wer die Welt verstehen will, muss nach Schopenhauer die Sexualität verstehen – eine Einsicht, die später zur Grundlage der Psychoanalyse Sigmund Freuds wurde. Der Wille als triebbestimmtes, irrationales Wesen der Welt macht sich im Menschen am deutlichsten in der Sexualität geltend. Für Schopenhauer sind die Genitalien der „Brennpunkt des Willens", weil durch sie das eigentliche Anliegen des Willens, nämlich die Fortpflanzung der Gattung, verwirklicht wird.

Ein Befürworter der Sexualität ist Schopenhauer aber nicht. Die Sexualität als die heftigste unserer Begierden überlagert die Absichten der Vernunft. Als Agentin des Willens ist sie für unsere ewige Unruhe und unser Leiden verantwortlich, während wir in der Kindheit, vom Trieb unbehelligt, noch am glücklichsten sind.

Verdrängung

Nicht nur in seinen Traumanalysen nimmt Schopenhauer die Psychoanalyse voweg. Auch das von Freud analysierte Phänomen der Verdrängung, also der unbewussten Abwehr unerträglicher oder unangenehmer Vorstellungen, wird bei ihm bereits thematisiert. Schon sehr früh, während seiner Studienzeit, hatte sich Schopenhauer mit dem Verhalten Wahnsinniger beschäftigt und dabei die Ursache des Wahnsinns in einem Ausschalten des Gedächtnisses gesehen. Wahnsinn als Folge eines Verdrängungsprozesses: Woran man sich nicht erinnert, darunter leidet man nicht. Dafür zahlt der Wahnsinnige den Preis, dass ihm die Kontinuität seines Wirklichkeitsbezugs verloren geht.

Später hat Schopenhauer den Vorgang der Verdrängung in den Rahmen seiner Willensmetaphysik eingeordnet. Der Wille steuert sowohl unser Gedächtnis als auch, vom Intellekt unbemerkt, unser geheimes Interesse, sodass wir oft nicht wissen, was wir eigentlich wünschen oder fürchten. Auch wenn wir glauben, dass wir wahrhaftig mit uns selbst umgehen: Es ist die verborgene Hand des Willens, die häufig unsere wahren Absichten aus dem Sichtfeld schiebt, sodass „der Mensch die Motive seines Thuns oft vor allen Anderen verbirgt, bisweilen sogar vor sich selbst, nämlich da, wo er sich scheut zu erkennen, was eigentlich ist, das ihn bewegt…".
Die Verdrängung ist das Instrument, mit der der Wille unsere objektive Selbstwahrnehmung verhindert.

Gibt es ein Weiterleben nach dem Tod?

Die Frage, ob es für den Menschen ein Leben nach dem Tod gibt, beschäftigt nicht nur die Religionen. Auch die Philosophie, die auf Verkündigung und Offenbarungen verzichtet, hat sich ihr immer wieder angenommen. Schopenhauer tat dies in einem berühmten Aufsatz mit dem Titel „Zur Lehre von der Unzerstörbarkeit unseres wahren Wesens durch den Tod", der 1851 im zweiten Band seines Spätwerks *Parerga und Paralipomena* erschien.
Da für Schopenhauer unsere individuelle Existenz ohnehin nur ein vom Willen gesteuertes, dem *principium individuationis* unterworfenes Oberflächenphänomen ist, hält er ein Fortleben des Individuums nach dem Tod für unmöglich: „Zu ewiger Fortdauer ist kein Individuum geeignet: es geht im Tode unter." Dies gilt auch für das individuelle Bewusstsein, ebenso wie für einen angenommenen geistigen Wesenskern. Es gibt keine unsterbliche Seele.
Dennoch ist der Mensch keine aus dem Nichts erschaffene Kreatur, die mit dem Tode völlig verschwindet. Unser Leben endet, nicht aber unser Dasein, das in der ewigen Tiefenwirklichkeit des Willens verwurzelt ist. Aus unserem absterbenden Leben bleibt ein Willenskeim übrig, „aus welchem ein neues Wesen hervorgeht, welches jetzt ins Dasein tritt, ohne zu wissen, woher es kommt oder weshalb es gerade ein solches ist, wie es ist".
Wir sind Teil eines unsterblichen Lebenspools, in dem absterbendes Leben sich durch neues Leben immer wieder regeneriert.

Schopenhauer in Frankfurt

Mit keiner anderen Stadt wird Schopenhauers Name so in Verbindung gebracht und in keiner Stadt hat er länger gelebt als in Frankfurt am Main. 27 Jahre, von 1833 bis zu seinem Tod im Jahr 1860, verbrachte er hier. Auf dem Frankfurter Hauptfriedhof ist er begraben.

Der in Danzig geborene und in Hamburg aufgewachsene Philosoph hatte keinerlei familiäre Verbindungen in Frankfurt. Dennoch war die Wahl dieser Stadt als Rückzugsort des Alters keineswegs zufällig. Schopenhauer informierte sich vorher genau über Klima, kulturelle Angebote, Zahl der Kaffeehäuser und Ärzte, bevor er sich entschloss, sich dort anzusiedeln. Das Frankfurter Bürgerrecht erwarb er allerdings nie. Er blieb offiziell preußischer Staatsbürger.

Frankfurt war nicht London oder Paris, aber doch für deutsche Verhältnisse eine Metropole. Die freie Reichsstadt war Sitz des Deutschen Bundes, Messestadt, und konnte mit Theater, Opernhaus, sowie zahlreichen Museen und kulturellen Gesellschaften aufwarten.

Vor allem aber bot Frankfurt die Anonymität, die es Schopenhauer ermöglichte, sich frei und ausschließlich seinem Werk zu widmen: „Du bist uneingeschränkter und weniger mit Gesellschaft behelligt, die der Zufall, nicht deine Wahl dir gibt, und hast die Freiheit, dir mißliebigen Umgang abzuschneiden und zu meiden", notierte er. In Frankfurt konnte Schopenhauer eine für das 19. Jahrhundert ungewöhnliche, von Standeskonventionen wenig beengte Existenz eines Großstadtsingles führen.

Die Ordnung des täglichen Lebens

Für Schopenhauer war spätestens seit seinem Umzug nach Frankfurt die Zeit der Reisen und der wechselnden Lebensumstände vorbei. Ähnlich wie sein Vorbild Kant führte er nun ein sehr regelmäßiges und durchgetaktetes Leben.

Der Vormittag blieb für Schopenhauer die kreativste Zeit: Die drei ersten Stunden des Tages waren dem Schreiben gewidmet. Danach erholte er sich eine Stunde lang beim Flötenspiel. Das ausgiebige Mittagessen nahm er in einem der vornehmen Gasthöfe der Stadt ein. Danach begab er sich in das Lesekabinett der „Casino-Gesellschaft" zur Zeitungslektüre. Nachmittags konnte man ihn regelmäßig bei seinem Spaziergang mit Hund beobachten. Die Abende waren der Lektüre vorbehalten, wenn er nicht Konzerte, das Theater oder die Oper besuchte.

Wie die meisten älteren Menschen war Schopenhauer störanfällig, sowohl was die Veränderungen seiner Lebensgewohnheiten als auch von außen eindringende Einflüsse anging. Auf seinem Schreibtisch und in seinen Papieren hielt er strengste Ordnung, die nicht angetastet werden durfte. Auch auf Lärm reagierte er äußerst empfindlich, vor allem, wenn er ihn in seiner Arbeit unterbrach. Der Lärm sei „die impertinenteste aller Unterbrechungen, da er sogar unsere eigenen Gedanken unterbricht, ja zerbricht." Und mit einem Seitenhieb auf seine deutschen Landsleute: „In Deutschland ist es, als ob es ordentlich darauf angelegt wäre, daß, vor Lerm, niemand zur Besinnung kommen solle."

Butz

Es ist das Bild, das sich auch bei denen eingeprägt hat, die ansonsten nichts von Schopenhauer wissen: der Mann mit dem Pudel. Jeden Nachmittag konnten die Frankfurter den Philosophen beim Spaziergang mit seinem vierbeinigen Gefährten beobachten. Schopenhauer, der nie eine Familie gründete und den Tieren zugeneigter war als den Menschen, hielt seit seinen Studentenjahren einen Pudel mit dem Namen „Butz". Starb dieser, wurde er durch einen neuen mit dem gleichen Namen ersetzt. Dass in Schopenhauers Wohnzimmer 16 Kupferstiche mit Hundedarstellungen hingen, gab Anlass zu dem Gerücht, er lebe mit einem Rudel Hunde zusammen. Doch Butz war immer nur ein Einziger, wenn er auch, als „Atman" betitelt, dem Philosophen als eine immer wiederkehrende Inkarnation der ewigen Weltseele galt.

Im Gegensatz zum Menschen, so war Schopenhauer überzeugt, konnte man sich auf die Treue des Hundes verlassen. „Woran sollte man sich", so schrieb er, „von der endlosen Verstellung, Falschheit und Heimtücke des Menschen erholen, wenn die Hunde nicht wären, deren ehrliches Gesicht man ohne Mißtrauen schauen kann?"

Als Schopenhauer in seinem letzten Lebensjahrzehnt Berühmtheit erlangte, wurde es in Frankfurt sogar Mode, sich einen Pudel anzuschaffen. „Butz" selbst beschäftigte auch noch die Nachwelt, in der er es zu einer gewissen Popularität brachte: Man sieht ihn auf der berühmten Zeichnung Wilhelm Buschs und im 20. Jahrhundert wurde er in einem Comic verewigt.

Tischgespräche oder Über Kant macht man keine Witze

Schopenhauer nahm sich für sein Mittagsmahl viel Zeit und liebte, ebenso wie Kant, ausgedehnte Tischgespräche, die sich bis in den Nachmittag hinein hinziehen konnten. Anders als Kant lud er aber seine Gesprächspartner nicht zu sich nach Hause ein, sondern führte seine Konversation mit jenen, die er in den von ihm besuchten Gasthäusern traf.

Dazu gehörte der vornehme „Englischen Hof" am Frankfurter Rossmarkt, wo sich Vertreter des Frankfurter Bürgertums, aber auch betuchte auswärtige Reisende einzufinden pflegten. Nicht wenige davon machten Bekanntschaft mit Schopenhauers cholerischem Temperament, der sehr empfindlich reagieren konnte, wenn es um philosophische Themen ging. Dies betraf auch die Verwendung von Begriffen der Kantischen Transzendentalphilosophie wie Erkenntnisse „a priori" (vor, unabhängig von Erfahrung) und Erkenntnisse „a posteriori" (nach, aufgrund von Erfahrung).

So auch als der Musikschriftsteller Xaver Schnyder von Wartenberg einmal ein Streitgespräch mit dem Philosophen unterbrach, um sich endlich einer bereitstehenden Schüssel Rindfleisch bedienen zu können. „So nehmen sie doch einmal a priori, daß ich dann a posteriori auch nehmen kann" forderte Schnyder den Philosophen auf. Kant-Verehrer Schopenhauer fand dies gar nicht lustig: „Das sind heilige Ausdrücke, die sie jetzt gebrauchten, die man nicht so profanieren darf" giftete er zurück. Bei Kant hörte der Spaß für ihn auf.

Der Privatier, der Staat und die Revolution

Schopenhauer führte ein zurückgezogenes, ganz seinem Werk gewidmetes Leben und schenkte der Politik lediglich dann Aufmerksamkeit, wenn sie seine Existenz als Privatier unmittelbar berührte. Ohnehin ein ängstlicher Mensch, traute er als Pessimist seinen Mitbürgern nicht über den Weg und fürchtete ständig, betrogen, bestohlen oder angegriffen zu werden. So betrachtete er den Staat vor allem als eine „Schutzanstalt gegen äußere Angriffe des Ganzen und innere der Einzelnen". Die monarchische Regierungsform, bei der „Ein leitender Wille" die Fäden in der Hand hat, galt ihm, ähnlich wie bei „den Bienen und Ameisen, den reisenden Kaninchen, den wandernden Elephanten" und „den zu Raubzügen vereinigten Wölfen" als die natürliche. Er glaubte weder an Demokratie noch an Fortschritt.

Revolutionen im Sinne gewaltsamer Umwälzungen waren ihm deshalb ein Gräuel. Zwei davon erlebte er zu Lebzeiten: die politischen Veränderungen im Zuge der napoleonischen Kriege und die Revolution von 1848, die er als unmittelbarer Zeuge vom Fenster seiner Frankfurter Wohnung erlebte. Als er im September 48 beobachtete, dass die Aufständischen Barrikaden in der Nähe seines Hauses errichteten, fürchtete er um sein Leben und gewährte regierungstreuen Soldaten Zugang zu seiner Wohnung. Noch in seinem Testament bedachte er die Invaliden und die Angehörigen der in der Revolution von 1848 für „Aufrechterhaltung und Herstellung der gesetzlichen Ordnung in Deutschland" gefallenen Soldaten.

Sich selber genügen, sich selber Alles in Allem sein, und sagen können omnia mea mecum porto*, ist gewiß für unser Glück die förderlichste Eigenschaft.

*Alles Meinige trage ich mit mir.

Verblichene Freundschaften

Spätestens seitdem er sich in Frankfurt ansässig machte, lebte Schopenhauer ein sozial einsames Leben. Gelegentlich empfing er Besucher oder machte Tischbekanntschaften in einem der von ihm besuchten Gasthäuser. Freundschaften und engere soziale Kontakte erwarb und pflegte er dort nicht mehr. Es waren verblichene Freundschaften aus seiner Jugend- und Studentenzeit, die er zuweilen noch wachrief.

Anthime Grégoires de Blesimaires, Sohn eines mit Schopenhauers Vater befreundeten Kaufmanns aus Le Havre, war der engste Freund seiner Kindheit und Jugend, mit dem er sowohl als Gast in Le Havre als auch in Hamburg viel Zeit verbracht hatte. Die beiden blieben lebenslang in Briefkontakt. Ein Besuch Anthimes 1845 in Frankfurt endete jedoch desillusionierend. Der Franzose, inzwischen ein weltgewandter Handelsmann, fand den Philosophen „alt aussehend", von „unangenehmem Charakter" und sich zur „Religion der Hindus" bekennend.

Eine solche ernüchternde Begegnung blieb Schopenhauer mit zwei ehemaligen Göttinger Studienfreunden erspart. Beide, Christian Carl Josias von Bunsen und William Backhouse Astor, hatten inzwischen Karriere gemacht, ersterer als Diplomat in preußischen Diensten, letzterer als amerikanischer Geschäftsmann. Hier konnte sich Schopenhauer ins rechte philosophische Licht setzen. Aus den drei Göttinger Studenten seien „drei kapitale Kerls geworden": Bunsen mit seiner „Vornehmigkeit", Astor mit seinem „Krösus-Reichthum" und er selbst mit seiner „sapientia."

Die Welt als Wille und Vorstellung reloaded

Schopenhauer musste 25 Jahre, bis 1844 warten, bis der Verleger sich bereit erklärte, eine zweite Auflage der *Welt als Wille und Vorstellung* zu drucken. Was dann erschien, war aber so gut wie ein neues Werk. Schopenhauer hatte die Erstauflage nicht nur überarbeitet, sondern einen ebenso umfangreichen zweiten Band hinzugefügt, mit dem er den Anspruch erhob, die in der ersten Auflage formulierten Grundgedanken mit der „Vollständigkeit, Gründlichkeit und Ausführlichkeit" durchgearbeitet zu haben, „die nur durch eine vieljährige Meditation desselben erlangt werden." Die neue Auflage war dreierlei: Ergänzung und Kommentierung des ersten Bandes, aber auch Erschließung neuer Themen.

Besondere Aufmerksamkeit haben dabei die Ergänzungen zum Thema „Bejahung und Verneinung des Willens" gefunden. In den Abschnitten „Über den Tod und sein Verhältnis zur Unzerstörbarkeit unsers Wesens", der „Metaphysik der Geschlechtsliebe" und „Von der Nichtigkeit und dem Leiden des Lebens" variiert Schopenhauer sein metaphysisches Grundthema: die Identität unseres Wesens mit einem ewig wirkenden Lebenswillen. Dies zeigt sich besonders in dem ganz neu konzipierten Kapitel über die Geschlechtsliebe, in der er die metaphysische Bedeutung der Sexualität untermauert: Im Geschlechtsakt „spricht das innere Wesen der Welt sich am deutlichsten aus". Willensverneinung ist folglich immer Abkehr vom Sex.

Das ewige Diesseits

Sowohl die griechische als auch die christliche Philosophie kannte die strikte Trennung zwischen Diesseits und Jenseits. Ersteres ist ein Bereich der Täuschung, Vergänglichkeit oder Sünde, kurz: der Unvollkommenheit. Letzteres ist der Bereich der Vollkommenheit und Ewigkeit, sei es nun Platons Welt der Ideen oder das christliche Himmelreich.

Auch für den Pessimisten Schopenhauer ist das Diesseits alles andere als vollkommen. Doch ein Jenseits, eine Transzendenz gibt es nicht mehr. Die dem Jenseits zugesprochene Ewigkeit liegt für ihn ganz im Diesseits. Ewigkeit und Vollkommenheit fallen auseinander. Die Welt ist nicht aus dem Nichts erschaffen und wird auch nicht in ein Nichts vergehen. Die Welt ist ein ewiger, sich selbst erhaltender Körper. „Zu ihrem Bestande also", so Schopenhauer, „braucht die Welt Niemanden außer sich." Nur das ist vergänglich, was der Kausalkette unterworfen ist, also die Zustände und Formen, die der Wille in der Welt annimmt. Die „lautere, formlose Materie", die als „Wiederschein des Willens" der Erfahrungswelt zugrunde liegt, ist dagegen unvergänglich. In sie vergehen und aus ihr entstehen wir. Sie verbürgt mit der Unvergänglichkeit der Welt die Unvergänglichkeit unseres Wesens. In Folge der beharrlichen, sich immer wieder erneuernden Objektivation des Willens ist „trotz Jahrtausenden des Todes und der Verwesung, noch nichts verloren gegangen, kein Atom der Materie, noch weniger etwas von dem innern Wesen, welches als die Natur sich darstellt."

68

Der Pessimist im Zeitalter des Fortschritts

Schopenhauer lebte in einer fortschrittsgläubigen Zeit, in der sich Wissenschaft und Technik rasant entwickelten. Damit einher ging die Entwicklung und Ausdifferenzierung der Naturwissenschaften, die er aufmerksam verfolgte.

Verdächtig war ihm aber die optimistische Weltsicht der zeitgenössischen Philosophie, die die Idee einer sich entwickelnden und vorausschreitenden Menschheit propagierte. Denn der Pessimist Schopenhauer glaubte nicht daran, dass es mit dem Menschen besser werden könnte. Die „deplorable Geschichte des bipedischen Geschlechts" bot ihm keine Anhaltspunkte für einen Fortschritt der Menschheit in Richtung humaner und kultureller Entwicklung.

Doch in puncto Wissenschaft und Technik war Schopenhauer kein absoluter Fortschrittsfeind. Er sah durchaus die Vorteile der Entwicklung der materiellen Kultur: „Denn die zu beispielloser Höhe gestiegene Technik unserer Zeit giebt", so schrieb er, „indem sie die Gegenstände des Luxus vervielfältigt und vermehrt, den vom Glücke Begünstigten die Wahl zwischen mehr Muße und Geistesübung einerseits und mehr Luxus und Wohlleben, bei angestrengter Tätigkeit, andererseits". Der kluge Mensch wählt Ersteres und kann somit von der technischen Entwicklung profitieren. Die Mehrheit dagegen werde die gewonnene freie Zeit dem Wohlleben widmen und den Zwecken „des Willens und des Bauches" frönen: Ballermann statt Hauskonzert.

Parerga und Paralipomena: Der Bestseller

Bis zu seinem 63. Lebensjahr 1851 lebte Schopenhauer in Deutschland als ein völlig unbekannter Philosoph, ignoriert sowohl von den Universitäten als auch von den Medien. Was seinem großen Wurf, der *Welt als Wille und Vorstellung* nicht gelang, gelang aber 1851 seinem zweibändigen Spätwerk *Parerga und Paralipomena*. „Parerga" bedeutet „Nebenwerke": Der erste Band des Buches enthält größere Abhandlungen, darunter berühmte Texte wie „Ueber die Universitätsphilosophie" oder die „Aphorismen zur Lebensweisheit", während die „Paralipomena", die „Nachträge", kleinere Texte zu den verschiedensten Themen versammeln.

Vieles an dem Buch erinnert an die *Essais* Montaignes, was auch schon den zeitgenössischen Rezensenten auffiel, die das Buch unerwartet positiv besprachen. Unsystematisch, aber stilistisch brillant, souverän und mit philosophischem Scharfsinn durchdringt der Philosoph sowohl Alltägliches als auch Spekulatives. Die *Parerga und Paralipomena* waren der Türöffner zu Schopenhauers Philosophie: Ihr Publikumserfolg führte dazu, dass nun auch die anderen Werke Schopenhauers in neuen Auflagen erschien und auch die Universitätsprofessoren allmählich von ihm Kenntnis nahmen. „Meine Celebrität wächst wie eine Feuersbrunst", jubelte der Philosoph.

Parerga und Paralipomena: Das zweite Hauptwerk?

Auch wenn die 1851 erschienene Textsammlung *Parerga und Paralipomena* breite Leserschichten erreichte und Schopenhauer endlich die ersehnte öffentliche Anerkennung als Philosoph brachte, ist das Buch in philosophischen Fachkreisen bis heute nie besonders beachtet worden. Bei Vielen gilt es als die Resterampe Schopenhauers; der Ort, an dem er die bis dahin in der Schublade verstaubten Texte entsorgt habe.

Zu Unrecht. Das Buch bringt einen völlig neuen Ton und auch neue Themen in die deutsche Philosophie ein. Schopenhauer bezeichnete sein Werk als seinen „Philosoph für die Welt", in Anspielung an ein populärphilosophisches Magazin der Aufklärung des 18. Jahrhunderts, das sich bewusst an das allgemeine Publikum wandte. Seinen französischen und englischen Vorbildern wie Montaigne, Voltaire oder Hume folgend wollte auch Schopenhauer bewusst populär und unakademisch sein. Sowohl mit seiner lockeren essayistischen Darstellungsform als auch mit alltagszugewandten Themen wie „Über Lesen und Bücher" oder „Über Lerm und Geräusch" schlug er eine Brücke zwischen philosophischer Reflexion und Alltagserfahrung. Nirgendwo sonst wird dies deutlicher als in den berühmten, im zweiten Band des Werkes enthaltenen *Aphorismen zur Lebensweisheit*.

Deshalb ist es nicht ganz unbegründet, von einem zweiten Hauptwerk Schopenhauers zu sprechen. Jedenfalls gibt es kein Werk, das sich besser als Einführung in sein Denken eignet.

Klassiker und philosophisches Hausbuch: Die *Aphorismen zur Lebensweisheit*

Keine Schrift Schopenhauers ist so verbreitet und hat so viele Leser gefunden wie seine *Aphorismen zur Lebensweisheit*. Dabei ist sie nie zu Lebzeiten Schopenhauers als eigenständiges Buch erschienen, sondern war im zweiten Band seines Spätwerks *Parerga und Paralipomena* enthalten. Schopenhauer verwendet den Begriff „Weisheit" hier nicht im Sinne der antiken Philosophie, wo er einen von jeder Zweckbindung und Aktivität befreiten Zustand der „Seelenruhe" meint. Hier ist mit Weisheit pragmatische Klugheit gemeint; die Fähigkeit, die richtigen Wertentscheidungen zu treffen, um „das Leben möglichst angenehm und glücklich durchzuführen". Von dem, was einer hat (Besitz), was einer vorstellt (Reputation) und was einer ist (Persönlichkeit), ist letzteres für Schopenhauer das bei weitem wichtigste: die geistige Kultivierung der Person, die einen von gesellschaftlichen Konventionen und Erwartungen unabhängig macht. Der geistige Mensch ist für Schopenhauer der Virtuose, „der sein Konzert allein aufführt." Deshalb ist für ihn Einsamkeit auch keine Quelle des Unglücks, sondern im Gegenteil eine Quelle des Glücks.

Die *Aphorismen* stehen in der Tradition klassischer Moralisten wie Baltasar Gracián oder La Rochefoucauld und ergänzen Schopenhauers Ethik durch eine Weltklugheitslehre. Als solche sind sie zu einem populären philosophischen Hausbuch geworden.

Exkurs: Die Moralistik

Mit „Moralistik" bezeichnet man eine literarische und philosophische Richtung, die in der frühen Neuzeit im Rahmen des Humanismus entstand und in Frankreich im 17. Jahrhundert ihren Höhepunkt erreichte. Die Moralisten waren keine Moralphilosophen. Ihr Anliegen waren vielmehr die „mores", die Sitten und Verhaltensweisen der Menschen. Aus einer realistischen Menschenbeobachtung zogen sie Schlussfolgerungen für ein kluges Sozialverhalten. Die weitaus meisten Moralisten vertraten eine skeptische Welt- und Menschensicht, was sie für Schopenhauer besonders interessant machte. Sie waren gewissermaßen frühe Anthropologen, Psychologen, Soziologen und Klugheitslehrer, ohne jedoch einen systematischen oder theoretischen Anspruch damit zu verbinden. Vielmehr bedienten sie sich offener literarischer Formen wie dem Essay oder dem Aphorismus. Ihre Werke waren Breviere und Schatzkästlein der Weltklugheit.

Der erste bedeutende Moralist war Michel de Montaigne (1533–1592, siehe links), der den Essay als eigenständige literarische Form etablierte. Unter den klassischen Moralisten des 17. und 18. Jahrhunderts wurden für Schopenhauer besonders die Aphoristiker Baltasar Gracián (1601–1658), François de La Rochefoucauld (1613–1680) und Nicolas Chamfort (1741–1794) wichtig. In der Tradition der Moralistik schrieb er seine *Aphorismen zur Lebensweisheit* und wurde dadurch zum ersten bedeutenden deutschen Vertreter dieser Richtung.

Zwei Geistesverwandte: Schopenhauer und Gracián

Unter den Autoren, die Schopenhauer nahestanden und auf die er sich in seinen Schriften immer wieder berief, nimmt der spanische Moralist und Jesuitenpater Baltasar Gracián (1601–1658, siehe unten) eine besondere Rolle ein. In Deutschland bis dahin weitgehend unbekannt, erkor Schopenhauer den „philosophischen Gracián", wie er ihn nannte, zu seinem „Lieblingsschriftsteller". In seinem allegorischen Roman *El Criticón* und vor allem in seiner Aphorismensammlung *Oráculo Manual* („Handorakel") erweist sich Gracián als ein pessimistischer Menschenbetrachter und Klugheitslehrer, mit dem sich Schopenhauer seelenverwandt fühlte. Mit Gracián traf er sich im Ziel des „desengaño", also im Bemühen, den Menschen von Illusionen und Selbsttäuschungen zu befreien. Auch deshalb wurde ihm das *Criticón* zu einem der „liebsten Bücher der Welt". Gracián war einer der Gründe dafür, dass er sich ab 1825 dazu entschloss, Spanisch zu lernen. Ab 1828 begann er sogar, das *Oráculo Manual* ins Deutsche zu übersetzen, fand dafür jedoch keinen Verleger. Auf sein eigenes Werk hatte die Übersetzung jedoch großen Einfluss: Sie inspirierte ihn zur Abfassung seiner berühmten *Aphorismen zur Lebensweisheit*. Und sie machte nach Schopenhauers Tod noch Karriere: Die erst aus dem Nachlass veröffentlichte Übersetzung des *Handorakels* ist bis heute die Standardübersetzung geblieben und hat Gracián im deutschen Sprechraum heimisch gemacht.

Nichts setzt den Menschen mehr herab, als wenn er sehen lässt, dass er ein Mensch sei.

Nun ist gewiss, dass zur Heiterkeit nichts weniger beiträgt, als Reichtum, und nichts mehr, als Gesundheit.

Ist Glück möglich?

Schopenhauers Weltbild ist pessimistisch: Die vom Willen getriebene Welt ist keine Heilsordnung. Im Gegenteil: Leben ist immer Leiden, das erst mit dem Tode endet. Der Mensch ist deshalb auf eine existenzielle Weise unglücklich. Die Quelle des Unglücks liegt nicht außen, sondern in seinem Inneren. Er ist nicht für das Glück gemacht. „Es gibt nur einen angeborenen Irrtum", so Schopenhauer, „und es ist der, daß wir da sind, um glücklich zu sein." Eine Eudämonologie, also eine Lehre vom glücklichen Leben, kann es deshalb im strengen Sinne nicht geben. „Glück" gibt es allenfalls in negativer Form, als Verhinderung oder Linderung des Leidens, indem wir uns von den Quellen des Unglücks fernhalten. Dies bedeutet vor allem, sich aus dem Rad der immer neu entstehenden Wünsche und Bedürfnisse zu lösen, deren Befriedigung uns in Langeweile und deren Nichtbefriedigung uns in Melancholie stürzt.

In seinen *Aphorismen zur Lebensweisheit* geht Schopenhauer jedoch einen Kompromiss ein: Blendet man die metaphysische Grundverfassung des Menschen einmal aus, so ist doch ein Glück in kleiner Münze möglich. Dabei stehen die Pflege der Gesundheit und die Kultivierung der geistigen Persönlichkeitsbildung an erster Stelle. Sie ermöglichen uns eine „Heiterkeit des Sinns", der uns über den unheilbaren Zustand dieser Welt hinweghilft.

Altersweisheit statt Jugendwahn

Die Jugend scheint alle Trümpfe in der Hand zu haben: physische Energie, Kreativität und eine offene unbegrenzte Zukunft, während das Alter sich mit der begrenzten verbleibenden Lebenszeit und den unvermeidlichen physischen Gebrechen arrangieren muss. Glückliche Jugend, leidvolles Alter?

Schopenhauer hat dies immer ganz anders gesehen. Für ihn ist die Jugend die Zeit der Illusionen und immer unbefriedigten Sehnsucht nach Glück. Der junge Mensch wird von großen Wünschen bedrängt und „erwartet seinen Lebenslauf in Form eines interessanten Romans" - und zwar mit Happy End: Das Leben soll eine Erfolgsstory werden. Doch unvermeidlich stößt er ständig auf die Widerstände und Unvollkommenheiten. So wird die Unzufriedenheit zum Dauerzustand.

Im Alter hingegen, nach langer Erfahrung mit der Welt, sind die Illusionen abgehakt. Die Erkenntnis hat das Wollen an die Zügel genommen. Altersweisheit tritt an die Stelle des Jugendwahns. Statt auf der Suche nach einem chimärischen Glück ist man nun vielmehr darum bemüht Unglück zu vermeiden. Die Verabschiedung illusionärer Lebensziele führt dabei zu einer neuen Lebensqualität, zu einem Zustand der Beruhigung und Befriedigung, in dem man „eine erträgliche Gegenwart genießt, und sogar an Kleinigkeiten Freude hat."

In der Jugend hat man, so Schopenhauer, oft das Gefühl, von der Welt verlassen zu sein. Im Alter hat man die Befriedigung, ihr entronnen zu sein.

Schicksal

Schicksal: Der Glaube daran, dass die Richtung unseres Lebens von Gewalten bestimmt wird, die außerhalb unserer Kontrolle liegen, war vor allem in der Philosophie der Antike ein beherrschendes Thema und fand in der christlichen Lehre von der „Vorsehung" ihre Fortsetzung. In seinem Aufsatz mit dem Titel „Transcendente Spekulation über die anscheinende Absichtlichkeit im Schicksale der Einzelnen" greift Schopenhauer das Thema im Rahmen seiner Willensmetaphysik wieder auf.

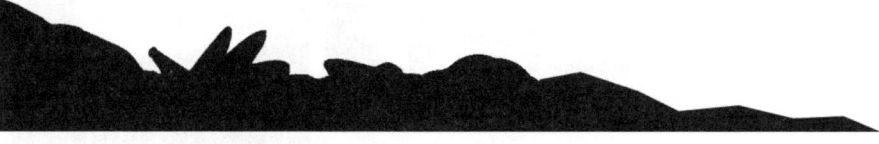

Im Gegensatz zu Hegel glaubte Schopenhauer nicht daran, dass der Gang der Weltgeschichte einem notwendigen Gesetz folgt. Wohl aber schien ihm, dass im Leben des Einzelnen ein „Plan und eine Ganzheit" vorhanden sei. Schopenhauer nennt dies „transzendenten Fatalismus": Ereignisse im Leben eines Einzelnen, die zufällig erscheinen, fügen sich im Nachhinein zu einer notwendigen Einheit zusammen. Es ist diese Einheit von Zufälligkeit und Notwendigkeit, die er „Schicksal" nennt. Der Grund für dieses Zusammenwirken liegt nicht in einer Transzendenz oder einer göttlichen Vorsehung: Er liegt im Innern des Menschen. Es ist der in uns wirkende Wille, und zwar dort, wo er „von einer Region aus wirkt, die unser individuelles Bewusstsein übersteigt." Was wir uns selbst vornehmen, trifft oft auf den Widerstand einer in uns wirkenden Kraft, die unseren bewussten Absichten entgegensteht und uns in eine ganz andere Richtung lenkt. Diese Kraft ist das Schicksal.

Das Problem des Selbstmords

Im christlich geprägten Europa wurde der Selbstmord über viele Jahrhunderte hinweg geächtet: Selbstmord galt als Todsünde und dem Selbstmörder wurde ein christliches Begräbnis verweigert. Schopenhauer hat dies nachdrücklich verurteilt und daran festgehalten, dass „jeder auf nichts in der Welt ein so unbestrittenes Recht hat, wie auf seine eigene Person und Leben." Keine Religion und kein Gesetz könne einem Menschen verbieten, sich selbst das Leben zu nehmen. Es sei lächerlich, jemandem mit einer Strafe zu drohen, der sich selbst die höchste Strafe, nämlich den Tod zufüge. Auch unser moralisches Gefühl zeige uns deutlich den Unterschied zwischen Mord und Selbstmord: Ersterer ruft Abscheu, letzterer lediglich Mitleid hervor.

Ein Befürworter des Selbstmords war Schopenhauer jedoch keineswegs. Auch wenn das Ziel seiner Ethik letztlich die Willens- und damit die Lebensverneinung ist, so kann dies nicht über den Weg des Freitods geschehen. Die „willkürliche Zerstörung einer einzelnen Erscheinung", die im Selbstmord stattfindet, ist vielmehr Ausdruck der selbstzerstörerischen Tätigkeit des Willens. Statt einer Willensüberwindung wird lediglich eine sichtbare Erscheinung des Willens, nämlich der Leib zerstört und somit „der wirklichen Erlösung aus dieser Welt des Jammers eine bloß scheinbare" unterschoben. Der Selbstmord bleibt für Schopenhauer deshalb eine bemitleidenswerte, aber dennoch „ganz vergebliche und törichte Handlung."

Der alte Philosoph und die Frauen

Als junger Mann war Schopenhauer durchaus dem weiblichen Geschlecht zugeneigt und hatte auch mehrere Affären. Dennoch ist er als Frauenfeind in die Geschichte eingegangen. Grund dafür ist vor allem sein später, berühmt-berüchtigter Aufsatz „Über die Weiber", der zur Sammlung seiner *Parerga und Paralipomena* gehört. In ihm hatte er dem weiblichen Geschlecht nichts Schmeichelhaftes mehr zu sagen. Dem „in jedem Betracht zurückstehenden zweiten Geschlecht" attestiert er hier, nie zu einer echten geistigen und künstlerischen Leistung fähig zu sein – im Gegensatz zum Mann, der ihm als „der eigentliche Mensch" gilt. Der Sinn der weiblichen Existenz erschöpfe sich in der Fortpflanzung der Gattung. Die Ehe sah er als eine Falle, in die die Frau den Mann hineinlocke, um materiell versorgt zu sein.

Aus solchen Urteilen sprach aus Erfahrung gespeiste Bitterkeit. Dass seine große Liebe, Caroline Medon, ihm nicht nach Frankfurt gefolgt war, hatte er nie verwunden. Als Ergebnis eines langjährigen Rechtsstreits musste er einer aufdringlichen Nachbarin, die er die Treppe hinuntergeworfen hatte, eine lebenslange und, wie er glaubte, ungerechtfertigte Schadensrente zahlen. Vor allem aber stand ihm das Beispiel seiner eigenen Mutter vor Augen, der er vorwarf, das väterliche Erbe verschleudert zu haben. Entsprechend beklagte er, dass „das von Männern, durch große und lange fortgesetzte Arbeit und Mühe schwer erworbene Eigenthum in die Hände der Weiber geräth."

Das liebenswürdige Mädchen und die Büste

Mit Ausnahme seiner Haushälterin Margarete Schnepp hatte der alte Schopenhauer mit dem weiblichen Geschlecht nicht mehr viel zu tun. Und dies durchaus mit Absicht. Auch jener jungen Frau, die 1859 vor seiner Tür erschien und sich anmelden ließ, begegnete er zunächst mit großem Misstrauen. Es war die Bildhauerin Elisabeth Ney, die anfragte, ob sie eine Büste des Philosophen anfertigen dürfe. Er wünsche keine Büste zu haben, „am wenigsten von einem unbekannten und mehr als kühnen Mädchen" war die Antwort des alten Frauenverächters. Doch Elisabeth Ney gelang es mit Geschick und Hartnäckigkeit, den Philosophen für sich zu gewinnen, u.a. dadurch, dass sie auch Gipsabdrücke des Pudels „Butz" nahm. Schließlich besuchte sie Schopenhauer regelmäßig, bei dem das Eis zusehends schmolz und der sich auf die Kaffee- und Plauderstündchen mit der Künstlerin freute. „Ich habe nicht geglaubt, dass es ein so liebenswürdiges Mädchen geben könnte" urteilte er schließlich in einem Brief. So hatte er sich doch noch einmal von einer Vertreterin des „zweiten Geschlechts" bezirzen lassen.

Mit der entstandenen Büste war er im Übrigen sehr zufrieden und fand sie „höchst ähnlich und schön gearbeitet". Elisabeth Ney wanderte 1871 in die Vereinigten Staaten aus und nahm die Büste in ihr Haus in Austin/Texas mit.

... daß die Morgensonne meines Ruhmes mit ihren ersten Strahlen den Abend meines Lebens vergolden und ihm die Düsternis nehmen werde!

Über Ruhm und Anerkennung

Philosophen erwerben selten große Reichtümer. Ihr Verdienst wird in der Münze des Ruhms und der öffentlichen Anerkennung gezahlt. Auch Schopenhauer hat das Thema Ruhm und Nachruhm sein Leben lang beschäftigt, zumal er der Ansicht war, ein epochales philosophisches Werk geschaffen zu haben, ihm aber die verdiente Aufmerksamkeit über viele Jahre versagt blieb.

Dafür fand er Erklärungen: Die Öffentlichkeit kann selten das würdigen, was über den eigenen Horizont hinausgeht, zumal wenn der philosophische Zeitgeist aus einer ganz anderen Richtung weht. Einer neuen Grundwahrheit wird man sich deshalb zunächst widersetzen. Schopenhauer tröstete sich mit der Einsicht, dass „ein Ruhm, der schnell erfolgt, auch schnell erlischt".

Wie so häufig in der Geschichte muss das Genie seine Hoffnung auf die Nachwelt setzen. Die Einsamkeit unter Zeitgenossen ist der Preis für die künftige Unsterblichkeit.

Dennoch litt er unter der Nichtbeachtung, die erst in seinem letzten Lebensjahrzehnt einer zunehmenden öffentlichen Anerkennung wich. Nun versöhnte er sich auch mit dem vorher geschmähten Publikum und äußerte die Hoffnung, „daß die Morgensonne meines Ruhmes mit ihren ersten Strahlen den Abend meines Lebens vergolden und ihm die Düsternis nehmen werde".

Eine Kostbarkeit aus der philosophischen Schatzkammer

Schopenhauer hat sein Leben lang sein Denken durch Schreiben begleitet. Er kommentierte Vorlesungen und gelesene Bücher, verfasste Reisetagebücher und Übersetzungen, legte immer wieder philosophische Notizbücher an und schrieb sogar fertig ausgearbeitete druckfertige Texte. Schopenhauers handschriftlicher Nachlass ist mehr als ein Versuchslabor: Er ist eine philosophische Schatzkammer, aus der erst in jüngerer Zeit mehr und mehr geborgen und publiziert wurde.

Zu diesen erst spät gehobenen Kostbarkeiten gehört Schopenhauer sogenanntes „Geheimheft", dem er selbst den griechischen Titel *Eis heautón* („An sich selbst) gab. Unter allen Nachlassschriften ist es das persönlichste, da er hier den eigenen Anspruch eines der Philosophie gewidmeten Lebens mit einer ernüchternden Welt- und Menschenerfahrung in Beziehung setzt. „Sobald ich zu denken angefangen, habe ich mich mit der Welt entzweit gefunden", so das bittere Fazit eines Außenseiters, der mit zunehmendem Alter immer mehr zum Menschenverächter wurde. „Was mir im wirklichen Leben stets und überall im Wege gestanden hat", so sein Fazit, „ist, dass ich in späteren Jahren nicht im Stande gewesen, mir einen ausreichenden Begriff von der Kleinlichkeit und Erbärmlichkeit des Menschen zu machen."

Eis heautón ist das Zeugnis eines einsamen Lebens, das vom Selbstbewusstsein aufrechterhalten wurde, „vom großen Problem des Daseins eine Deutung gegeben" zu haben.

Je mehr eigenen Werth Einer hat, desto mehr wird er finden, dass hier der Gewinn den Verlust nicht deckt und das Geschäft zu seinem Nachteil ausschlägt; weil die Leut, in der Regel, insolvent sind, d.h. in ihrem Umgang nichts haben, das für die Langweiligkeit, die Beschwerden und Unannehmlichkeiten desselben und für die Selbstverleugnung, die er auflegt, schadlos hielte; demnach ist die allermeiste Gesellschaft so beschaffen, dass wer sie gegen die Einsamkeit vertauscht einen guten Handel macht.

Rhetorisch Schachmatt!

Eristische Dialektik: Wie man den Gegner mit Argumenten überlistet

„Eristische Dialektik", was man etwa mit „Logik des Streitgesprächs" übersetzen könnte, ist der Titel, den man einem aus dem Nachlass Schopenhauers veröffentlichten Text gegeben hat. Wie die *Aphorismen zur Lebensweisheit* handelt es sich hier um ein kleines Werk mit unmittelbarem Praxisbezug.

Es greift eine Tradition auf, die bis auf die griechischen Sophisten zurückgeht: nämlich die rhetorischen Kunstgriffe zu beherrschen, mit denen man einen Gegner in der Argumentation schachmatt setzen kann. Dabei schreckt der Philosoph auch nicht davor zurück, tief in die Trickkiste zu greifen. Reagiert ein Gegner z.B. auf ein Argument böse und polemisch, so treibe man das Argument voran, „nicht bloß weil es gut ist, ihn in Zorn zu versetzen, sondern weil zu vermuten ist, daß man die schwache Seite seines Gedankengangs berührt hat." Wer sich argumentativ auf der Verliererstraße sieht, so Schopenhauer, solle es mit einer Ablenkung versuchen. Man fange „mit einem Male mit etwas ganz anderem an, als gehöre es zur Sache und wäre ein Argument gegen den Gegner." Man kann auch zur Not selbst zur Keule greifen: „Wenn man merkt, daß der Gegner überlegen ist und man Unrecht behalten wird, so werde man persönlich, beleidigend, grob." Tipps, die in Anbetracht der medialen Diskussionskultur eine unerwartete Modernität besitzen und sich nicht zuletzt für Anwälte eignen, die vor der Aufgabe stehen, eine hoffnungslose Sache vertreten zu müssen.

War Schopenhauer ein Irrationalist?

Schopenhauer ist innerhalb der Philosophie eine kontroverse Figur. Seine Willensmetaphysik hat ihm Kritik vor allem von denen eingetragen, die an die Kraft der Vernunft und einen Fortschritt in der Geschichte glauben. So hat ihn der marxistische Philosoph Georg Lukács (1885–1971) zu den „Zerstörern der Vernunft" gezählt und ihm vorgeworfen, mit seiner These von der Sinnlosigkeit der Welt die gesellschaftlichen Missstände des Kapitalismus indirekt gerechtfertigt zu haben.

Doch bei der Antwort auf die Frage, ob Schopenhauer ein Irrationalist war, sollte man unterscheiden zwischen der Art, wie er die Welt beschrieben und die Art, wie er sie bewertet, wie er sich also dazu gestellt hat. Schopenhauer hat in der Tradition Kants die Grenzen der Vernunft enger gezogen, allerdings in einer viel radikaleren Weise. Die Vernunft ist für ihn in ihrem Wirkungskreis abhängig vom Willen, von dem irrationalen Weltgrund, der auch das Leben des menschlichen Organismus beherrscht. Die Vernunft ist also sehr viel schwächer, als wir gerne glauben mögen.

Anders als Nietzsche hat Schopenhauer die Irrationalität der Welt jedoch nicht begrüßt, sondern bedauert. Entsprechend vertritt er eine Ethik der Willens- und Weltverneinung und der Solidarität mit allen Leidenden. Schopenhauer ist deshalb kein Irrationalist, sondern ein Diagnostiker des Irrationalen. Er ist in Wahrheit ein Realist und Aufklärer, der uns von unseren Illusionen über die Welt befreien wollte.

Schopenhauer und Nietzsche: Brüder im Geiste oder Antipoden?

Schopenhauer und Nietzsche werden oft in einem Atemzug genannt – doch gehören sie wirklich zusammen?

Für den zwei Generationen jüngeren Friedrich Nietzsche (1844–1900) war die Entdeckung Schopenhauers zunächst wie eine Offenbarung. Mit seinem Begriff des „Dionysischen" übernimmt er die pessimistische Sicht von einem dunklen, irrationalen Weltgrund. Auch dem unbestechlichen Wahrheitssucher Schopenhauer setzt er in seinem Essay „Schopenhauer als

Erzieher" noch ein Denkmal. Doch im Verlauf seiner philosophischen Entwicklung distanziert sich Nietzsche zunehmend von Schopenhauer. Dieser wird nun, wie ein Schopenhauer-Interpret dies bezeichnet hat, vom „Vorbild zum Antipoden". Den Willen sieht er jetzt nicht mehr negativ als Quell des Leidens, sondern positiv als Quell der Vitalität und deutet ihn als „Willen zur Macht" um. Schopenhauers Pessimismus weicht einem vitalistischen Optimismus. An die Stelle einer Welt- und Willensverneinung tritt eine emphatische Welt- und Willensbejahung. Auch von der Mitleidsethik Schopenhauers wendet sich Nietzsche nun radikal ab. Ähnlich wie die christliche Moral sieht er sie nun als eine „Sklavenmoral", als eine Moral der ressentimentgeladenen Schwachen gegenüber der vitalen „Herrenmoral" der Starken.

Doch in einem entscheidenden Punkt bleiben Schopenhauer und Nietzsche verbunden: Das, was die Welt im Innersten zusammenhält, ist für sie nicht die Vernunft, sondern eine universal wirkende irrationale Lebenskraft.

Schopenhauer und die Lebensphilosophie

Eines der großen Leistungen der Willensmetaphysik Schopenhauers ist es, unser Verständnis von Wirklichkeit erweitert und unsere Aufmerksamkeit auf den gesamten Bereich jenseits der Rationalität gelenkt zu haben.

Dies hatte großen Einfluss auf jene Philosophen, die man der sogenannten „Lebensphilosophie" zurechnet. Dabei wurde der Begriff des „Willens" positiv umgedeutet und in Deutschland seit Wilhelm Dilthey (1833–1911) durch den Begriff des „Lebens" ersetzt. „Leben" steht, wie bei Georg Simmel (1858–1918), für die Dynamik und Intensität des Wirklichkeitsprozesses, aber auch für eine übergreifende und schöpferische Wirklichkeit, die einer ganzheitlichen, nicht rein rationalen Erfahrung zugänglich ist. Das rationale Denken hingegen wird entweder, wie bei Oswald Spengler (1880–1936), als eine Art und Funktion des Lebens, oder, wie bei Ludwig Klages (1872–1956), als ein Feind und Zerstörer des Lebens aufgefasst.

Der philosophiegeschichtlich bedeutendste Vertreter der Lebensphilosophie war allerdings Henri Bergson (1859–1941, siehe links). Wie Schopenhauer unterscheidet er zwischen einer raum-zeitlich-kausal gedeuteten Oberflächen- und einer Tiefenwirklichkeit, der auch eine besondere, nicht mechanistische Zeiterfahrung entspricht, die „Zeit als Dauer" (durée). Bergsons Tiefenwirklichkeit wird von einem schöpferischen Lebensprinzip bestimmt, das er *élan vital* nennt und nur einem intuitiven Wissen zugänglich ist.

Schopenhauer und die Kunst der Moderne

Für Schopenhauer hat das, was wir „Wirklichkeit" nennen, einen doppelten Boden. Hinter dem Vorhang von Raum, Zeit und Kausalität, der unsere Vorstellungswelt begrenzt, verbirgt sich das „wahrhaft Reale". Er vergleicht es mit einem Traum, der vom Willen zum Leben geträumt wird, ein „großer Lebenstraum", „den jenes Eine Wesen träumt: aber so, daß alle Personen ihn mitträumen". Aber auch in unseren eigenen Träumen macht sich die Wirklichkeit hinter dem Vorhang bemerkbar.

Dass Schopenhauer unsere Wirklichkeitsauffassung erweitert, dass er uns auf die Bereiche des Traumes und des Unbewussten und damit auf eine immer präsente Tiefenwirklichkeit aufmerksam gemacht hat, war für viele Künstler eine Inspiration. Besonders sichtbar wird dies in der bildenden Kunst der Moderne. Einige ihrer prominentesten Vertreter, wie Max Beckmann (1884–1950) oder Giorgio de Chirico (1888–1978) haben, von der Schopenhauer-Lektüre beeinflusst, diese neue Tiefenwirklichkeit ins Bild gesetzt. De Chiricos bekannteste Bilder, wie *Der große Metaphysiker,* ähneln Traumsequenzen, in denen Zeit, Raum und Kausalität eingefroren sind. Nicht zuletzt im Surrealismus, so bei Max Ernst (1891–1976) oder Salvador Dalí (1904–1989), wird das Erbe Schopenhauers deutlich: Die Leugnung des Realitätsprinzips und das Aufbrechen von Wahrnehmungsstrukturen ist ein Versuch, das „Sur-Reale" und „Ir-Reale", und damit das „wahrhaft Reale" sichtbar zu machen.

Warum Schopenhauer?

An den Universitäten wird Schopenhauer bis heute wenig beachtet. Sein pessimistisches Welt- und Menschenbild hat hier wenige Anhänger gefunden. Andererseits hat er immer viele Leser außerhalb der akademischen Mauern gefunden. Und dafür gibt es gute Gründe.

Schopenhauer ist kein Philosoph für Spezialprobleme. Er beschäftigt sich vielmehr mit den großen zentralen Sinnfragen, die wir uns alle stellen: Was hält diese Welt im Innersten zusammen? Was ist der Mensch? Welches ist seine Stellung in der Welt und wie sollte er sich dazu verhalten?

Dabei hat er die Metaphysik eng an die Erfahrung, vor allem an die leibliche Erfahrung, angebunden. Schopenhauer hat den Leib gegenüber dem Geist rehabilitiert. Mit dem Begriff des „Willens" als der universalen Triebkraft und dem Wesen der Welt hat er unsere Wirklichkeitssicht entscheidend erweitert und verändert. Vor Freud war er der Entdecker des Unbewussten und hat die Bedeutung der Sexualität für ein Verständnis des Menschen hervorgehoben. Er hat die enge Wesensverwandtschaft aller Wesen begründet und damit den Grundstein für eine neue Ethik und ein verändertes Verhältnis zwischen Mensch, Tier und Umwelt gelegt.

Schopenhauer war aber auch immer als Schriftsteller populär. Er ist ein glänzender Stilist und ausgesprochen leserfreundlicher Philosoph, der in einer jargonfreien, verständlichen und anschaulichen Sprache schreibt. Schopenhauer beweist, dass Philosophie auch gute Literatur sein kann.

Glossar

Ästhetik
Die Lehre von der Kunst und der damit verbundenen willenlosen Anschauung in der Kontemplation des Schönen.

Askese
In der Askese geht der Mensch über das normale tugendhafte Handeln hinaus, das sich im Mitleid manifestiert. Er verleugnet seine eigene körperliche Erscheinung als Ausdruck des Willens und tötet jedes Wollen in sich ab. In der Askese vollzieht sich die Willensverneinung. Der Wille „wendet sich".

Charakter
Die von Geburt an festgelegte und unveränderliche Handlungsdisposition des Menschen, die wir aber erst im Laufe unseres Lebens kennenlernen.

Determinismus
Lehre von der kausalen Determiniertheit allen Geschehens. Der Determinismus leugnet die Willensfreiheit und begreift auch alle Handlungen des Menschen als durch die Kette von Ursache und Wirkung festgelegt.

Ding an sich
Begriff aus der Philosophie Immanuel Kants, der das bezeichnet, was jenseits der Grenzen unserer Erkenntnismöglichkeiten liegt. Schopenhauer identifiziert das „Ding an sich" mit dem „Willen", der uns zwar nicht durch äußere, wohl aber durch innere Erfahrung zugänglich ist.

Eudämonologie
In Anlehnung an den Eudämonismus, der in der Antike begründeten Lehre vom Glück, die Kunst, „das Leben möglichst angenehm und glücklich zu gestalten".

Ethik
Lehre von den Grundlagen unseres moralischen Handelns.

Erkenntnistheoretischer Idealismus
Die sowohl von Kant als auch von Schopenhauer vertretene Position, nach der unser Bild der Wirklichkeit durch die Erkenntnisleistung des Subjekts bestimmt wird. Für den Idealismus gibt es keine vom Subjekt unabhängige Existenz von Objekten.

Ideen
Im Gegensatz zu den einzelnen, veränderlichen Dingen sind Ideen allgemeine, unveränderliche Formen und unmittelbare Objektivationen des Willens auf einer bestimmten Stufe. Sie sind die Objekte der Kunst und der Erkenntnis nur zugänglich, wenn wir den Willen in uns ausblenden. Eine solche willenlose Anschauung nennt Schopenhauer auch Kontemplation.

Kausalität
Das Prinzip des notwendigen Zusammenhangs zwischen Ursache und Wirkung in der Abfolge der Ereignisse. Es ist die Grundlage aller wissenschaftlichen Erkenntnis.

Kontemplation

Die Fähigkeit, zeitweise alle Willensregungen zum Stillstand zu bringen und in einer Haltung der reinen objektiven Erkenntnis zu verharren. Dies geschieht in der Betrachtung von Kunstwerken.

Materialismus

Die im Gegensatz zum Idealismus vertretene Position, dass die Materie „objektiv", unabhängig vom Bewusstsein des Subjekts existiert und die Inhalte unserer Erkenntnis wesentlich bestimmt. Als Vertreter eines erkenntnistheoretischen Idealismus (s.o.) lehnte Schopenhauer den Materialismus ab, näherte sich ihm aber in späteren Jahren an.

Metaphysik, Willensmetaphysik

Metaphysik ist der Bereich der Philosophie, der sich mit den letzten Prinzipien und Grundlagen der Wirklichkeit beschäftigt. Diese Grundlage ist bei Schopenhauer der Wille, weswegen er als Begründer der Willensmetaphysik gilt.

Mitleid

Die wichtigste moralische Tugend, die mit der reinen christlichen Liebe gleichgesetzt ist. Mitleid als Überwindung des Egoismus ist „Mit-Leiden" mit dem Leid aller empfindenden Wesen (auch der Tiere) und beruht auf der Erkenntnis, dass alle Wesen in einer Einheit verbunden sind.

Naturkräfte

Kräfte in der anorganischen Natur wie Gravitation oder Elektrizität, in denen der Wille unmittelbar zum Ausdruck kommt. Sie liegen außerhalb der Kausalität, verleihen den natürlichen Ursachen aber ihre Wirksamkeit. Die Wissenschaft muss ihre Erklärung der Metaphysik überlassen.

Traumorgan

Ein von Schopenhauer angenommenes, im Inneren des Organismus angesiedeltes Organ, das im Schlaf anschauliche Vorstellungen raumerfüllender Gegenstände erzeugt.

Vorstellung / Erscheinung

Wir nehmen die Welt nur als Vorstellung, durch das Raster von Raum, Zeit und Kausalität wahr. Die Welt ist in Wahrheit Wille, für uns ist sie aber Vorstellung. „Vorstellung" und „Erscheinung" sind bei Schopenhauer Synonyme.

Wille

Die universale, irrationale Kraft, die hinter allen Erscheinungen steht und den Kreislauf des Lebens vorantreibt. Sie ist nicht der Zeit, dem Raum und der Kausalität unterworfen. Der Wille als das „Ding an sich" ist das Wesen der Welt.

Willensverneinung

Das Ziel der Ethik Schopenhauers, das durch Abkehr von allem Wollen und allen Triebregungen, letztendlich in der radikalen Askese erreicht wird. Da die Welt im Kern Wille ist, bedeutet Willensverneinung auch Weltverneinung.

Literaturverzeichnis

1. Primärliteratur

Schopenhauer, Arthur ([4]1988), *Sämtliche Werke*, hrsg. von Arthur Hübscher, Mannheim.

Schopenhauer, Arthur (1977), *Werke in zehn Bänden* (Zürcher Ausgabe), Zürich (Text nach der dritten Auflage der Hübscher-Ausgabe).

Schopenhauer, Arthur (1988), *Werke in fünf Bänden*, hrsg. von Ludger Lütkehaus, Zürich (Text nach den Ausgaben letzter Hand).

Schopenhauer, Arthur (1971), *Gespräche*, hrsg. von Arthur Hübscher, Stuttgart.

Schopenhauer, Arthur (1985), *Der handschriftliche Nachlaß in fünf Bänden*, hrsg. von Arthur Hübscher, München.

Schopenhauer, Arthur (1988), *Die Reisetagebücher*, hrsg. von Ludger Lütkehaus, Zürich.

Schopenhauer, Arthur (1995), *Die Kunst, Recht zu behalten (=Eristische Dialektik)*, hrsg. von Franco Volpi, Frankfurt/M.

Schopenhauer, Arthur (2000), *Die Kunst, glücklich zu sein*, hrsg. von Franco Volpi, München.

Schopenhauer, Arthur (2006), *Die Kunst sich selbst zu erkennen (=Eis heautón)*, hrsg. von Franco Volpi, München.

Schopenhauer, Arthur (2009), *Die Kunst alt zu werden*, hrsg. von Franco Volpi, München.

Schopenhauer, Arthur ([2]2011), *Senilia. Gedanken im Alter*, hrsg. von Franco Volpi und Ernst Ziegler, Darmstadt.

2. Sekundärliteratur

Zur Biographie
Abendroth, Walter (1967), *Arthur Schopenhauer mit Selbstzeugnissen und Bilddokumenten*, Reinbek bei Hamburg.

Pisa, Karl (1977), *Schopenhauer. Geist und Sinnlichkeit*, Wien.

Safranski, Rüdiger (1987), *Schopenhauer und Die wilden Jahre der Philosophie*, München.

Zimmer, Robert (2010), *Arthur Schopenhauer. Ein philosophischer Weltbürger*, München.

Einführungen
Birnbacher, Dieter (2009), *Schopenhauer (= Grundwissen Philosophie)*, Stuttgart.

Malter, Rudolf (1988), *Der eine Gedanke. Hinführung zur Philosophie Arthur Schopenhauers*, Darmstadt.

Spierling, Volker (1994), *Arthur Schopenhauer. Eine Einführung in Leben und Werk*, Frankfurt/M.

Zimmer, Robert (2018), *Schopenhauer und die Folgen*, Stuttgart.

Weiterführende Literatur
Gödde, Günter (1999), *Traditionslinien des „Unbewußten". Schopenhauer – Nietzsche – Freud*, Tübingen.

Hallich, Oliver (1998), *Mitleid und Moral. Schopenhauers Leidensethik und die moderne Moralphilosophie*, Würzburg.

Hallich, Oliver / Koßler, Matthias (Hrsg.) (2014), *Arthur Schopenhauer: Die Welt als Wille und Vorstellung* (= Klassiker Auslegen, Bd. 42).

Hauskeller, Michael (1998), *Vom Jammer des Lebens. Einführung in Schopenhauers Ethik*, München.

Hübscher, Arthur (1973), *Denker gegen den Strom. Schopenhauer: Gestern – Heute – Morgen*, Bonn.

Morgenstern, Martin (1985), *Schopenhauers Philosophie der Naturwissenschaft*, Bonn.

Schmidt, Alfred (1977), *Drei Studien über Materialismus. Schopenhauer, Horkheimer, Glücksproblem*, München.

Schmidt, Alfred (1986), *Die Wahrheit im Gewand der Lüge. Schopenhauers Religionsphilosophie*, München.

Schubbe, Daniel / Koßler, Matthias (Hrsg.) ([2]2018), *Schopenhauer Handbuch. Leben – Werk – Wirkung*, Stuttgart.

Schubbe, Daniel (2010), *Philosophie des Zwischen. Hermeneutik und Aporetik bei Schopenhauer*, Würzburg.

Salaquarda, Jörg (Hrsg.) (1985), *Schopenhauer (Wege der Forschung)*, Darmstadt.

Stollberg, Jochen (Hrsg.) (2006), *Das Tier, das du jetzt tötest, bist du selbst. Arthur Schopenhauer und Indien*, Frankfurt/M.

Nachschlagewerke
Spierling, Volker (2002), *Schopenhauer-ABC*, Leipzig.

Welser, Peter (2021), *Grundriss Schopenhauer. Ein Handbuch zu Leben und Werk*, Hamburg.

Zeitschriften

Schopenhauer-Jahrbuch, seit 1912, seit 2006 hrsg. von Matthias Koßler und Dieter Birnbacher, Würzburg. Enthält auch eine regelmäßig aktualisierte Schopenhauer-Bibliographie.

Internetadressen

Schopenhauer-Gesellschaft e.V.
http://www.schopenhauer.de

Schopenhauer-Forschungsstelle an der Johannes Gutenberg-Universität Mainz
http://www.schopenhauer.philosophie.uni-mainz.de

Schopenhauer Archiv der Universitätsbibliothek Frankfurt/M.
http://www.ub.uni-frankfurt.de/archive/schopenhauer.html

Hinweis

Die Orthographie der Originalzitate wurde hin und wieder modernisiert.

Der Autor

Dr. Robert Zimmer, M.A., ist 1953 in Trier geboren. Er studierte Philosophie und Anglistik an der Universität des Saarlandes in Saarbrücken und an der Heinrich-Heine–Universität in Düsseldorf, wo er 1989 promovierte. Nach Lehrtätigkeiten an der Universität Düsseldorf, der Freien Universität Berlin und der Technischen Universität Berlin arbeitet er seit 1996 als freier Sachbuchautor mit dem Schwerpunkt Philosophie. Er ist Mitherausgeber der Zeitschrift „Aufklärung und Kritik" und Mitglied der Redaktion der Philosophiemagazins „der blaue reiter. Journal für Philosophie." Er ist Autor zahlreicher Bücher, die in mehr als ein Dutzend Sprachen übersetzt wurden. 2010 erschien seine Biographie *Arthur Schopenhauer. Ein philosophischer Weltbürger* und 2018 seine Einführung *Schopenhauer und die Folgen.*

Weitere Infos siehe: www.robert-zimmer-phil.de

Der Zeichner

Ansgar Lorenz, geboren in Hannover, lebt und arbeitet als freiberuflicher Illustrator in Mannheim. Design- und Illustrations-Studium an der HGB Leipzig und FH Münster. Diplom 2008 mit einer illustrierten Geschichte der Arbeiterbewegung (erschienen im Wilhelm Fink Verlag, Paderborn 2009).
Seit 2012 illustriert er für den Wilhelm Fink Verlag die Reihe „Philosophische Einstiege". Erschienen sind bisher Einführungen in Theodor W. Adorno, Friedrich Nietzsche, Michel Foucault, Karl Marx, Martin Heidegger, Pierre Bourdieu, Niklas Luhmann, Immanuel Kant, Walter Benjamin, Hannah Arendt, Judith Butler, Jean-Jacques Rousseau und Thomas Hobbes u.a.

Weitere Infos siehe: www.ansgarlorenz.de